**…fische Information
…schen Nationalbibliothek**

…sche Nationalbibliothek verzeichnet diese
…ion in der Deutschen Nationalbibliografie;
…rte bibliografische Daten sind im Internet
…tp://dnb.d-nb.de abrufbar.

…glische Originalausgabe erschien 2018 unter
…Titel »Fifteen Things They Forgot to Tell You
…t Autism«. Copyright © Debby Elley, 2018.
…published in the UK in 2018 by Jessica Kingsley
…ishers Ltd, 73 Collier Street, London, N1 9BE,
…www.jkp.com
…rights reserved.
…nted in UK

1. Auflage 2020

Rüdigerstr. 14
70469 Stuttgart
Deutschland

www.trias-verlag.de

Printed in Germany

Programmplanung: Celestina Filbrandt
Projektmanagement: Kathrin Hage
Redaktion: Bettina Dietrich, Print Company
Verlagsgesellschaft m. b. H.
Übersetzung: Michaela Back
Umschlaggestaltung:
CYCLUS Visuelle Kommunikation, Stuttgart
Bildnachweis:
Umschlagzeichnung:
Grafikbüro Schaaf, Germersheim
Satz: Ziegler und Müller, text form files
gesetzt in APP/3B2, V. 9
Druck: Westermann Druck Zwickau GmbH,
Zwickau

ISBN 978-3-432-10940-4 1 2 3 4 5 6

Auch erhältlich als E-Book:
eISBN (epub) 978-3-432-10941-1

Wichtiger Hinweis: Wie jede Wissenschaft ist die Medizin ständigen Entwicklungen unterworfen. Forschung und klinische Erfahrung erweitern unsere Erkenntnisse. Ganz besonders gilt das für die Behandlung und die medikamentöse Therapie. Bei allen in diesem Werk erwähnten Dosierungen oder Applikationen, bei Rezepten und Übungsanleitungen, bei Empfehlungen und Tipps dürfen Sie darauf vertrauen: Autoren, Herausgeber und Verlag haben große Sorgfalt darauf verwandt, dass diese Angaben dem Wissensstand bei Fertigstellung des Werkes entsprechen. Rezepte werden gekocht und ausprobiert. Übungen und Übungsreihen haben sich in der Praxis erfolgreich bewährt.

Eine Garantie kann jedoch nicht übernommen werden. Eine Haftung des Autors, des Verlags oder seiner Beauftragten für Personen-, Sach- oder Vermögensschäden ist ausgeschlossen.

Datenschutz: Wo datenschutzrechtlich erforderlich, wurden die Namen und weitere Daten von Personen redaktionell verändert (Tarnnamen). Dies ist grundsätzlich der Fall bei Patienten, ihren Angehörigen und Freunden, z. T. auch bei weiteren Personen, die z. B. in die Behandlung von Patienten eingebunden sind.

Liebe Leserin, lieber Leser,
hat Ihnen dieses Buch weitergeholfen?
Für Anregungen, Kritik, aber auch für Lob sind wir offen. So können wir in Zukunft noch besser auf Ihre Wünsche eingehen. Schreiben Sie uns, denn Ihre Meinung zählt!

Ihr TRIAS Verlag

E-Mail Leserservice: kundenservice.thieme.de

Adresse:
Lektorat TRIAS Verlag, Postfach 30 05 04,
70445 Stuttgart
Fax: 0711-8931-748

Lassen Sie sich inspirieren!
www.pinterest.com/triasverlag

Elley

Autismus – 15 Dinge,
die dir niemand gesagt hat

Autismus – 15 Dinge, die dir niemand gesagt h

Mein Leben mit zwei autistischen Kindern

Debby Elley

Aus dem Englischen übersetzt von Michaela Back

Dieses Buch ist für Alec und Bobby. Ihr zwei seid großartige Kinder und ich bin die glücklichste Mutter. Alec, du bist jeden Tag mit so vielen verwirrenden Dingen konfrontiert. Ich bewundere, dass du sie alle mit einem Lächeln im Gesicht meistern kannst – ich könnte das wohl nicht. Bobby, du bist unglaublich mutig. Du hast dich mit deinen Ängsten auseinandergesetzt und machst uns sehr stolz. Ihr zwei inspiriert mich bei allem, was ich tue. Dieses Buch ist auch für die Krankenschwester (eine wirkliche Krankenschwester), die neulich, als ich ihr sagte, dass meine Zwillinge Autismus hätten, schockiert fragte: »Um Himmels willen! Beide?« Meine Liebe, Autismus ist wirklich kein Weltuntergang.

Die Autorin

Debby Elley ist Mutter autistischer Zwillinge, arbeitet als Journalistin und lebt in Cheshire, Großbritannien. Zusammen mit Tori Houghton hat sie die preisgekrönte Zeitschrift »AuKids« (http://www.aukids.co.uk/) gegründet, die sich an Eltern mit Kindern im Autismus-Spektrum wendet. Debby Elley wollte nicht einfach nur ein weiteres Buch über Autismus schreiben, sondern ihre eigene Erfahrung mit praktischen Tipps und positiver Psychologie kombinieren, um Eltern Mut zu machen. Sie schreibt: »Wenn ich über meine eigenen Erfahrungen mit Autismus spreche, höre ich von meinen Lesern oft, dass sie sich mir verbunden fühlen. Für die Mutter oder den Vater eines autistischen Kindes gibt es kaum etwas Schöneres als dieses ›Genau so *ist* es!‹-Gefühl.« Sie möchte Ihr Reiseleiter und Ihr Dolmetscher für die komplizierte Welt des Autismus sein.

Inhalt

Eine kleine Vorwarnung

Die Zitate am Anfang jedes Kapitels sind »Bobbyismen«, die ich von meinen Facebook-Posts übernommen habe. Ich bekomme viele positive Rückmeldungen, also dachte ich, ich teile sie mit Ihnen.

Ich neige dazu, viele Redewendungen und Sprichwörter zu verwenden. Wenn Sie Autist sind, wird dieses Buch für Sie vielleicht ziemlich schwer zu lesen sein. Halten Sie sich für den Notfall einen Dolmetscher bereit.

Einleitung

Bitte machen Sie nicht denselben Fehler wie ich – überspringen Sie nicht die Einleitung. Sobald Sie die Einleitung gelesen haben, können Sie sich ein Bild von diesem Buch machen und entscheiden sich vielleicht dafür, es nicht zu kaufen. Es spart Ihnen also wirklich Zeit. Ich rate es Ihnen.

Beginnen wir also mit der großen Frage: Warum bin ich arrogant genug, zu glauben, dass die Welt noch ein weiteres Buch über Autismus braucht?

Als 2006 bei meinen Kindern Autismus diagnostiziert wurde, gab es unglaublich viele Buchveröffentlichungen zu diesem Thema. Und ich bin glücklich darüber, dass es so viele Informationen gibt. Als Mitherausgeberin von *AuKids*, einem (preisgekrönten, wie ich anmerken möchte) Magazin für Eltern von Kindern mit Autismus, lese, rezensiere und empfehle ich viele von ihnen.

Aber über eine Art Buch stolpert man selten – Bücher von Eltern.

Eltern sehen Autismus sowohl von innen als auch von außen. Sie sprechen beide Sprachen, Deutsch und das, was ich »Aut-Sprech« nenne. Sie können also eine andere Sicht auf die Welt vermitteln.

Wenn ich über meine eigenen Erfahrungen mit Autismus spreche, höre ich von meinen Lesern oft, dass sie sich mir verbunden fühlen. Für die Mutter oder den Vater eines autistischen Kindes gibt es kaum etwas Schöneres als dieses »Genau so *ist* es!«-Gefühl.

Eltern von Kindern im Autismus-Spektrum sind in einem Klub, wie es ihn sonst nirgendwo gibt – mit jeweils eigenen Herausforderungen und Erfahrungen. Niemand sollte diesen Weg allein gehen, wenn es so viele Menschen auf dieser Welt gibt, die im selben Boot sitzen. Manche von ihnen rudern sogar in die dieselbe Richtung.

Es sind nicht nur meine persönlichen Erfahrungen mit Autismus, die ich hier teilen möchte (das interessiert doch auch niemanden, Sie haben Ihr eigenes Leben), sondern auch die Einsichten, die ich in den zehn Jahren, in denen ich für das erste britische Magazin für Eltern autistischer Kinder geschrieben und recherchiert habe, über meine eigenen Kinder, Bobby und Alec, gewonnen habe.

Es ist jetzt über ein Jahrzehnt her, dass bei Bobby und Alec Autismus diagnostiziert wurde. Elf Jahre des Lernens, des Fehlermachens und des Kennenlernens der faszinierendsten Menschen, die so viel mehr wissen als ich. Wäre es nicht großartig, wenn ich diese elf Jahre in einem Buch unterbringen könnte? Einem kleinen Handbuch, damit Sie nicht zehn Jahre älter und weiser werden müssen, um zu lernen, was ich gelernt habe?

Während ich diese Seiten schreibe, merke ich, dass ich nicht nur meine eigenen Erfahrungen mit Autismus wiedergebe. Meine professionelle Einschätzung ist, dass mein eigenes Leben dem anderer Familien viel ähnlicher ist, als Sie vielleicht glauben.

Ich wollte in Worte fassen, wie ich meinen Zwillingen dabei zugesehen habe, wie sie sich in den letzten zehn Jahren von Raupen zu Schmetterlingen verwandelt haben und wie ich ihnen dabei geholfen habe, ohne selbst dem Wahnsinn zu verfallen.

Das hier ist keine Autobiographie. Es ist die Sicht einer Mutter auf Autismus, nicht durch die Linse der Medizin und Psychologie, sondern durch die der Lebenserfahrung.

Hier haben Sie die Sicht einer Mutter und die professionelle Sicht: zwei zum Preis von einem. Persönliche Erfahrungen und professionelle Einsichten – hoffentlich eine Kombination von Lernen und Lachen. Das ist zumindest die Idee. Und das, was ich meinem Verlag versprochen habe.

An dieser Stelle sollte ich wohl sagen, dass ich keine Super-Mutter bin, wenn es solche Mütter überhaupt gibt. Ich glaube aber, dass es funktioniert, wenn man die meiste Zeit über das Richtige tut. Den Rest der Zeit können Sie mit Ihren Freunden plaudern, fernsehen oder einfach auf dem Sofa liegen und denken: »Ich sollte wirklich aufstehen, aber ich bin sooo müde!«

Tatsächlich sollten Sie solche Dinge sogar einplanen. Eltern von Autisten wissen, dass man Zeit braucht, um Energie zu tanken. Das hier ist ein Langstreckenflug und Sie sind der Pilot, der Co-Pilot, die Stewardess und der Typ, der auf der Startbahn den Weg zeigt.

Wenn wir also gemeinsam durch dieses Buch gehen, lassen Sie mich Ihr dassReiseleiter und Ihr Dolmetscher für diese komplizierte Welt des Autismus sein. Ich werde manchmal genauso verloren sein wie Sie. Aber keine Angst, ich habe mein Schwert des Humors, um mich durch die fürchterliche Fachsprache und das, was alles erzählt wird, zu kämpfen. Gemeinsam kämpfen wir uns durch das Dickicht der traditionellen Definitionen und der Ansichten über autistische Kinder und lernen, wie wir der Welt zeigen können, wie es wirklich ist – mit Liebe, Wärme und viel Humor.

Ich möchte Ihnen 15 Dinge sagen, die ich gerne früher gewusst hätte. Es geht nicht nur um Autismus: Tatsächlich beginnen wir mit Ihrer eigenen Ansicht und dem, was Sie brauchen, um diese Reise ohne Vorurteile zu unternehmen. Ich möchte Ihnen eine positive Sichtweise zeigen, die mir dabei geholfen hat, die Herausforderungen zu überstehen, ohne daran zu verzweifeln. Je mehr Sie so denken, desto leichter wird es.

Später möchte ich Ihnen Grundlegendes über Autismus erzählen – »Zeug«, das wir jeden Tag erleben. Wir müssen lernen, uns in die Gedankenwelt eines anderen Menschen hineinzuversetzen und Überlebensstrategien zu respektieren, gleichzeitig aber auch unseren Kindern dabei helfen, sich an eine Welt anzupassen, die nicht für Autisten geschaffen ist. Ich hatte das Glück, erfahrene, professionelle Menschen um mich zu haben, ohne die ich vieles nicht verstanden hätte. Es geht nicht allen so, daher möchte ich Sie mit diesem Buch unterstützen.

Autismus ist kompliziert und verwirrend. Aber mit Autismus zu leben hat mich zu einem besseren Menschen gemacht und mir gezeigt, worum es im Leben geht.

Es ist wirklich schwer, aber das ist es wert.

Na also, worauf warten Sie? Lassen Sie uns gemeinsam zum ersten Kapitel reisen! Oder Moment … Haben wir noch Zeit für einen Kaffee?

1 Autismus ist eine bunte Mischung
Machen Sie Ihre eigene Lernerfahrung

Mit sieben Jahren fasste Bobby sein erstes Schuljahr so zusammen: »In diesem Jahr bin ich der ultimative Champion in allem geworden.«

Als ich begann, über dieses Buch nachzudenken, war Bobby gerade 11 Jahre alt, genau wie Alec. Ich habe Zwillinge. Zwillinge im Autismus-Spektrum.

Einer hat es wohl leichter als der andere. Bobby ist, in Ermangelung eines besseren Begriffes, hochfunktional (diesen Begriff will ich später genauer erklären), Alec entwickelte sich sehr anders, er hat Lernschwierigkeiten und spricht nicht. Er nimmt quasi die malerische Route zur Unabhängigkeit.

Ein bisschen Kontext

Alecs Lernschwierigkeiten kommen von einer beinahe tödlichen Verletzung seines Gehirns, die er mit etwa zwei Jahren erlitt. Es war ein Morgen im September. Ich putzte mir gerade die Zähne. Währenddessen muss er auf das Fensterbrett in seinem Zimmer geklettert sein und sich, mit ziemlichen Schwierigkeiten, durch das Gitter vor seinem Fenster gequält haben.

Er fiel viereinhalb Meter in die Tiefe und landete auf dem Asphalt. Ich erzähle es nur in aller Kürze, weil alle, die diese Geschichte hören, immer schockiert sind.

Mir wurde später gesagt, dass ein Kind ohne Autismus dieses vergitterte Fenster wohl nicht als Herausforderung angenommen hätte. Ein

Kind ohne Autismus hätte Angst verspürt. Wir wussten zu diesem Zeitpunkt noch nicht, dass er Autismus hat, und wir wussten definitiv nicht, mit welcher Entschlossenheit er unsere Sicherheitsmaßnahmen umgehen würde. Diese Entschlossenheit half ihm jedoch, zu überleben.

Alec war für 72 Stunden in ein künstliches Koma versetzt worden und als er erwachte, war nichts mehr da. Er konnte seinen Kopf nicht mehr allein heben, geschweige denn sich aufsetzen. Die paar Worte, die er bis dahin gelernt hatte, waren weg und sind bis heute nicht mehr wiedergekommen.

Er hatte eine Verletzung am Gehirn, die sein Leben veränderte. Es brauchte über ein Jahr, um ihm wieder das Gehen beizubringen. Aber er ging wieder, obwohl die Ärzte das Gegenteil vorhergesagt hatten. Und dann lief er und dann lernte er schwimmen (auf seltsam rudernde Art und Weise) und er kann auf einem Dreirad fahren.

Von diesem Tag an waren wir einfach dankbar dafür, dass Alec überlebt hatte. Wenn man weiß, dass jemand hätte sterben können, ist jeder Moment des Lebens ein Geschenk.

Ich habe dieses Ereignis so erschreckend kurz und nüchtern zusammengefasst, um den Kontext herzustellen. Vielleicht hilft es Ihnen, zu verstehen, warum alles andere für uns nebensächlich geworden ist. Warum es für uns keine große Sache ist.

Das war die große Sache, die alle anderen getoppt hat.

Die Diagnose, die unsere Zwillinge im nächsten Jahr bekamen – Autismus –, war sicher eine Sache. Waren wir besorgt? Natürlich. War es eine große Sache? Nicht wirklich.

Vielleicht hatten wir auch einfach keine Energie mehr, um Dingen so viel Bedeutung zu schenken.

Unsere Kinder wurden mit Autismus geboren. Als dies etwa ein Jahr nach Alecs Unfall diagnostiziert wurde, konnten wir das vermutlich leichter und früher akzeptieren als andere.

Die beiden sind einfach so. Das ist ganz anders als ein Unfall.

Deshalb konnten wir Autismus von Anfang an akzeptieren. Andere Eltern erwarten vielleicht ein »perfektes« Kind und haben das Gefühl, ihr Kind sei in irgendeiner Weise »unzulänglich«.

Da wir erfahren hatten, wie es sich anfühlt, vielleicht ohne Kind nach Hause zu kommen, nahmen wir unser Kind mit Autismus dankbar mit. Wir haben Alec beinahe verloren. Ich kann gar nicht sagen, wie sehr dies unsere Sicht auf seinen Autismus beeinflusst hat.

Nicht, dass wir Ahnung gehabt hätten, was Autismus ist.

Ich dachte, ich wüsste, was Autismus ist. Autismus bedeutet »schlecht mit Menschen«, richtig?

Wir Eltern neigen sehr zu vorschnellen Urteilen, wenn wir auf Ignoranz stoßen (und ich bin da sehr schlimm). Aber blättern Sie in Ihrer eigenen Geschichte zurück und Sie werden wie ich merken, dass Ihr Wissen über Autismus aus dem Film *Rain Man* mit Dustin Hoffman stammt.

Aus heutiger Sicht zeigten unsere Zwillinge schon als Babys klare Anzeichen für Autismus. Wir wussten nur nicht genug darüber, um das zu bemerken.

Wann immer Alec etwas mit Rädern in die Hände bekam, drehte er an diesen Rädern. Tatsächlich dreht er so ziemlich an allem, auch wenn es keine Räder hat. Ich kann mich noch gut daran erinnern, wie beeindruckt ich war, als er einmal einen Würfel an einer Ecke drehte.

Bobby kniete oft so, dass seine Beine W-Form annahmen. Das allein war noch kein wirkliches Anzeichen, aber gemeinsam mit seinem unruhigen Herumwackeln und Summen war es ein Alarmsignal.

Ich dachte nicht daran, dass sie Autismus haben könnten, denn sie lachten und kicherten ständig. Raymond in *Rain Man* tat nichts davon.

Als man uns im November 2006 sagte, dass unsere Kinder Autismus hätten, fühlte ich ein Loch in meinem Gehirn, das ich mit Informationen füllen musste. Dieses furchtbare Gefühl von Machtlosigkeit steigerte meinen Ehrgeiz, so viel wie möglich über dieses Thema zu lernen, ins Unermessliche. Und damit bin ich nicht allein.

Meiner Erfahrung nach stecken Eltern den Kopf entweder sofort in den Sand (Vogel-Strauß-Taktik) oder in Bücher (Eulentaktik). Und in diesem Moment fällt mir auf, wie praktisch dieses Eulendasein – ein rotierender Kopf, Nachtaktivität und all diese Dinge – gewesen wäre, als meine Kinder noch jünger waren.

Die Tatsache, dass ich mich durch so viel Unsinn arbeiten musste, um an brauchbare Informationen zu kommen, ist einer der Gründe dafür, dass ich mit meiner Freundin Tori Houghton zwei Jahre später ein Magazin gründete. Im Grunde ging es uns darum, uns durch den ganzen Unsinn zu wühlen und ihn zusammenzufassen, damit es andere Eltern nicht tun mussten. Seltsamerweise war »Wir wühlen uns durch den Unsinn, damit Sie es nicht tun müssen« nie unser Verkaufsargument. Verpasste Chance.

Jedenfalls war Autismus da und war gekommen, um zu bleiben.

Die Art und Weise, wie man mit diesem »anders« umgeht, hängt oft stark damit zusammen, was die ersten Informationen sind, die man über Autismus bekommt. Wenn sie im Stil von Katastrophenmeldungen präsentiert werden, dann wirken sie umso bedrohlicher und verhängnisvoller.

Wenn Ihnen der Arzt allerdings vermittelt, dass Autismus gar kein Problem ist, quasi ein Lüftchen auf ansonsten ruhiger See, dann ist das offensichtlich eine Riesenlüge und Sie sollten sich auf eine Enttäuschung gefasst machen.

Die meisten Ärzte wählen daher die goldene Mitte, scheitern aber leider oft an unseligen Traditionen und an den Fachbegriffen.

Zuerst das Problem der Tradition. Weil die Diagnose meistens in einem Krankenhaus oder einer Spezialklinik gestellt wird, wird Autismus Eltern genauso präsentiert wie eine medizinische Diagnose.

Wir Eltern gehen in dieser Situation daher von der schlechten Nachricht aus, dass mit unseren Kindern etwas fürchterlich *falsch* ist, und das Wort »Diagnose« besiegelt diese Schlussfolgerung. Der Autismus-Forscher Dr. Luke Beardon argumentiert übrigens genau deshalb gegen die Verwendung des Wortes »Diagnose«.

Das zweite Problem ist die Fachsprache, die üblicherweise verwendet wird, um Autismus zu erklären. Autismus ist im Prinzip eine Ansammlung neurologischer Merkmale. Manche von ihnen sind hilfreicher als andere.

Um diese Merkmale zu bündeln, wurde schon vor Jahren der Begriff »Triad of Impairments« geprägt, der sich mit »Triade von Beeinträchtigungen« wiedergeben lässt. Und obwohl sich unser Verständnis von Autismus verändert, spricht man noch immer häufig von Beeinträchtigungen.

Als meine Zwillinge 2006 die Diagnose erhielten, war diese »Triade von Beeinträchtigungen« die erste Beschreibung, die ich von Autismus bekam.

Ich: »Hallo Autismus, wer bist du?«

Autismus (in bedrohlicher Stimme): »Ich bin die Triade der Beeinträchtigungen.«

Ich: (Will davonlaufen.)

Sie werden sich wohl fragen, was diese Triade der Beeinträchtigungen bedeutet, also hier die Erklärung: Ihr Kind ist in Kommunikation, sozialer Interaktion und Fantasie »beeinträchtigt«. Probleme mit der Sinneswahrnehmung sind mittlerweile noch dazugekommen. Da haben Sie es. Das ist Autismus. Bis bald und auf Wiedersehen, Eltern!

Sie denken vielleicht: »Ach! Sie übertreibt! Es gibt sicherlich noch weitere Erklärungen.«

Wenn Sie Mutter oder Vater eines autistischen Kindes sind, dann wissen Sie, dass ich nicht übertreibe.

Die Definition war zu der Zeit, als die Autismus-Forschung in den Kinderschuhen steckte, eine bahnbrechende Möglichkeit, die Symptomatik von Autismus zusammenzufassen. Heutzutage ist es genau diese

Vereinfachung, die Eltern Probleme bereitet, denn das, was hinter diesen drei Dingen steckt, wird meistens nicht besonders gut erklärt.

Wie viel Information Sie bekommen, hängt stark davon ab, in welchem Land Sie leben. Aber ich fürchte, die meisten von uns sind den Weiten des Internets überlassen – einem furchtbaren Ort, wo Fakten und Fiktion oft nicht leicht zu unterscheiden sind.

Auch wenn diese Triade von Beeinträchtigungen bis heute nachwirkt, gibt es seit 2013 eine neue Beschreibung von Autismus. Obwohl sie detailliertere Informationen bietet, besteht das Problem weiterhin in der medizinischen Fachsprache, mit der Eltern oft nichts anfangen können.

Ich ging damals nach Hause und stellte mir meine zwei Jungen vor, wie sie daheim vor sich hin schaukelten (in Parkas, warum auch immer, obwohl sie mittlerweile starke Ähnlichkeit mit den Gallagher-Brüdern von Oasis haben, vielleicht war das also eine Art Vorahnung), unfähig, mit anderen Menschen zu sprechen, Freunde zu finden oder zu heiraten.

Dann ging ich in ihr Schlafzimmer und sah ihr glückliches Grinsen – die Vision passte nicht ganz. Also beschloss ich, mehr zu lernen. Ich wollte verstehen, woher dieser Widerspruch zwischen meinem einfachen Verständnis von Autismus und den zwei kichernden, lustigen und liebevollen Jungen, die mich jeden Tag aus ihrem Kinderbett heraus begrüßten, kam.

Triade von Beeinträchtigungen? Wie können Sie es wagen? Sehen Sie nicht, wie süß diese beiden Jungen sind? Soll ich glauben, dass, je älter sie werden, mein Glück und meine Freude verschwinden, weil sie so »beeinträchtigt« sind?

Ich glaube, manche Menschen verzweifeln an diesem Punkt wirklich. Aber an dieser Weggabelung war ich empört. Ich dachte mir, ich würde eine bessere Antwort auf meine Fragen finden.

Und so wurde ich zu einer Eule.

Bessere Antworten zu finden bedeutete, dass ich mich durch viel Literatur wühlen musste, die dankenswerterweise von der National Autistic Society zur Verfügung gestellt wurde (in Deutschland gibt es den Bundesverband Autismus Deutschland, in Österreich den Dachverband Österreichische Autistenhilfe, in der Schweiz den Verein Autismus deutsche Schweiz). Was macht diese Kinder anders und warum tun sie, was sie tun? Wow, war das alles kompliziert.

Ich arbeitete mich durch Stapel an Material, markierte Eigenschaften, die ich an meinen Kindern wahrnahm, und schrieb Notizen zu denen, die meine Kinder nicht betrafen. Viele Fragezeichen, viele Sternchen, ein paar Textmarker.

Und bald stellte sich heraus, dass Autismus nicht auf einer Geraden, sondern eher auf einer Zickzack-Linie existierte. Wenn Sie aber einen anderen Vergleich bevorzugen, können Sie Autismus auch als Büffet sehen. Obwohl es bei jedem Büffet ein paar Fixpunkte gibt (für gewöhnlich gibt es immer eine Salat- und eine Dessertbar), gibt es unglaublich viele Variationen.

Was Ihr Kind tut oder nicht tut, kann von verschiedenen Faktoren abhängen, ihre Persönlichkeit mit eingeschlossen. Aber Autismus ist bei jedem Menschen anders ausgeprägt. Wie man so schön sagt: »Kennen Sie einen Menschen mit Autismus … dann kennen Sie diesen einen Menschen mit Autismus.«

Die »Triade von Beeinträchtigungen« ist vielleicht ein guter Hinweisgeber für Spezialisten, aber Eltern sind keine Spezialisten. Wir sind liebevolle, verunsicherte Menschen, die ihre Nachkommen unglaublich lieben, was uns verletzlich macht. Uns zu sagen, dass unser Kind in drei wichtigen Bereichen beeinträchtigt ist, kann schmerzhaft sein.

Das ist also schon schlimm genug. Aber es kommt noch schlimmer: Zu jeder der drei Beeinträchtigungen gibt es ein Attribut.

Nicht jeder Autist ist ein Genie mit unglaublichem Gedächtnis, aber nicht jede Beeinträchtigung bedeutet einen Nachteil für Ihr Kind.

Die positive Seite von Autismus? Die sagt Ihnen niemand in der Diagnose-Phase. Wir sehen nur die schlechten Seiten, weil wir sehen, dass unser Weg von der Norm abweicht. Und vielleicht weicht unser Weg auch von der Norm ab.

Aber in den über zehn Jahren, in denen ich diesen Weg nun schon gehe, hat sich meine Einstellung stark geändert. Die Autismus-Diagnose für Ihr Kind zu haben bedeutet, dass Sie die Schwierigkeiten, die Ihr Kind hat, besser verstehen können und dass Sie es besser in seiner Ausbildung unterstützen können. Auf gar keinen Fall sollte es Sie traurig machen.

Sie gehen vielleicht einen Weg, den nicht viele andere gehen und der vielleicht dornig ist, aber es ist kein Irrweg.

Ich habe also die Diagnose, aber meine Recherche besagt, dass Autismus wie ein Büffet ist. Mit diesem Wissen bewaffnet beschloss ich, dass meine zwei kichernden, fröhlichen Kinder nicht von einer Hexe verzaubert worden waren, trotz des Etiketts, mit dem man sie versehen hatte. Sie waren immer noch dieselben liebenswerten Kinder wie vorher, egal, was die Diagnose besagte.

Angesichts dieser Flut von Informationen entschieden wir uns dafür, einen Schritt nach dem anderen zu gehen. Wir konzentrierten uns auf unsere eigenen Schwierigkeiten und suchten nach Lösungen.

Nach einem unglaublich ermüdenden Lesemarathon beschloss ich auch, dass es zu viel über Autismus zu wissen gab, um alles zu lernen.

Ich wollte mich auf *unseren* Autismus konzentrieren. Unser eigenes Büffet. Und, wenn ich ehrlich sein soll, interessierten mich die anderen Büffets auch gar nicht.

Wenn Sie noch nichts über Autismus wissen, dann schlage ich vor, dass Sie das Gleiche tun.

Das Beste daran, viel über Autismus zu lernen, ist, dass Sie nach ein paar Jahren selbstbewusst genug sind, Lehrmeinungen infrage zu stellen. Und weil wir diese Triade von Beeinträchtigungen so furchtbar fanden, entwickelten meine Freundin und Mitherausgeberin Tori

Houghton und ich den »Autismus-Eisbecher« (Autism Sundae Dessert), eine alternative Möglichkeit, Autismus zu erklären. Das war bei Weitem der beliebteste Artikel in unserem Magazin und der Begriff wird heute sogar in Workshops und Selbsthilfegruppen verwendet.

Was ist ein Autismus-Eisbecher? Sie werden weiterlesen müssen, um es herauszufinden.

Ich liebe Cliffhanger …

2 Autismus kann verändern

Über die traditionelle Definition hinausblicken

Mit acht Jahren meinte Bobby, als mein Mann und ich Hochzeitstag feierten, er wolle aus diesem Anlass ALLEN seinen Babysittern eine KOSTENLOSE Probezeit anbieten.

Bobby und Alec haben beide Autismus. Und das, liebe Leser, ist auch das Ende ihrer Gemeinsamkeiten.

Alec ist ein Adrenalin-Junkie, Bobby ein Computer-Genie. Bobby ist ruhig und in Gedanken versunken und sieht Essen hauptsächlich als Treibstoff an. Alec ist laut und schelmisch und wenn man ihn mit Essen besticht, tut er einfach alles. Die Gebärde für »Keks« ist nicht einfach in Makaton-Gebärdensprache. Man muss den linken Ellenbogen mit der rechten Hand berühren, es erfordert also Koordination in beiden Körperhälften. Alecs feinmotorische Fähigkeiten wurden durch seinen Unfall stark beeinträchtigt. Seltsamerweise war diese Gebärde aber nie ein Problem für ihn. Selbst wenn die Gebärde für »Keks« das Besteigen einer Leiter in Flip-Flops erforderte, könnte er sie. Die Gebärde für »Kuchen« ist ebenfalls kein Problem.

Alec ist dünn und schlaksig und isst Schokolade und Kuchen. Manche Dinge im Leben sind einfach nicht fair.

Alec liebt es, draußen zu sein, für Bobby sind Gras und der Himmel noch eher etwas Neues. Mein Mann Gavin machte, wenn Bobby in den Garten kam, immer denselben Witz: »Bobby! Wie schön, dich zu sehen! Schau mal, was ist dieses blaue Zeug? Der Himmel! Und diese flauschigen Dinge? Wolken!«

»Haha, Papa. Wirklich lustig«, antwortete Bobby immer (schön, dass er den Witz verstand), während er sich mit seinem iPad hinsetzte. Frische Luft ist für ihn schon okay, solange es WLAN in der Nähe gibt.

Diese Unterschiede sind einerseits in der unterschiedlichen Persönlichkeit meiner Kinder begründet, andererseits hatten sie auch sehr unterschiedliche körperliche Erfahrungen ihrer Umwelt. Wie erklären wir also anderen Menschen, was Autisten sind, ohne dabei ihre Unterschiedlichkeit zu vernachlässigen?

Und wenn Sie glauben, es sei schwer, anderen Menschen zu erklären, was Autismus ist, dann versuchen Sie einmal, es Ihren Kindern zu erklären. Manche Eltern haben solche Angst, negativ zu klingen, dass sie es gleich sein lassen. Aber wie sollen Kinder verstehen, dass ihr Freund, der gar nicht spricht, dasselbe hat wie er selbst, obwohl er ständig spricht? Es ist verwirrend.

Die negative Seite der Triade von Beeinträchtigungen ist, dass Eltern ihrem eigenen Urteil und ihren Fähigkeiten vertrauen müssen, um ihren Kindern Autismus zu erklären, ohne dabei das Selbstbewusstsein ihrer Kinder zu beschädigen. Das ist besonders schwierig, wenn diese Diagnose einen selbst auch trifft.

Autismus-Eisbecher

Der Autismus-Eisbecher (das Copyright für »Autism Sundae Dessert« liegt übrigens bei AuKids) wurde erfunden, um diese Schwierigkeiten zu umgehen und eine Definition für Autismus zu liefern, die der heutigen Zeit entspricht.

Meine Mitherausgeberin Tori und ich demonstrierten den Autismus-Eisbecher auf Konferenzen mit farbiger Knetmasse und verschiedenen Saucen, weil wir immer gerne Moderatorinnen für Kindershows gewesen wären, aber nie die Chance dazu bekommen haben.

Wir versuchten es anfangs zwar mit Eiscreme, aber sie schmolz zu schnell und nicht alle Konferenzräume haben Tiefkühler. Glauben Sie mir, wir hatten ein paar flüssige Desaster, bevor wir zu dieser Lösung fanden.

Stellen Sie sich also vor, Sie sitzen vor uns und wir haben unsere Schürzen umgebunden. Tori trägt ein Headset, ähnlich wie Madonna, und hat sich schon vorher aufgewärmt, indem sie mir ihre schönste und leidenschaftlichste Version von »Vogue« vorgesungen hat. Da man mir nicht zumuten kann, gleichzeitig zu sprechen und zu basteln (weil ich tollpatschig bin), kommentiere ich das Geschehen.

Um einen Autismus-Eisbecher herzustellen, brauchen Sie zuerst eine Eisschale. Sie repräsentiert die Persönlichkeit.

Wieso gibt es so viele Unterschiede bei Autisten? Weil Menschen generell sehr unterschiedlich sind. Schüchtern und zurückgezogen? (An diesem Punkt lassen wir die Schüssel gerne ein wenig »zittern«.) Sie meiden vielleicht gerne Menschen – zu spüren, dass man nicht gut mit Menschen umgehen kann, nimmt einem noch mehr die Lust, zu kommunizieren. Extravertiert? (Hier nehmen wir eine zweite Schüssel zur Hand und zeigen sie her.) Sie haben vielleicht keine Scheu und sprechen einfach jeden Menschen an, was sie ebenso verletzlich macht, vor allem im Internet. Beide Persönlichkeiten haben Schwierigkeiten mit sozialen Kontakten, aber ihr Verhalten ist unterschiedlich.

Sobald Sie Ihre Schüssel haben, geben Sie drei Kugeln Eis hinein für die universell geltende Triade des Autismus: Kommunikationsprobleme entsprechen Schokoladeneis, Probleme bei sozialer Interaktion Vanilleeis und gedankliche Anpassungsfähigkeit entspricht Erdbeereis.

Die Größe der Kugeln unterscheidet sich von Person zu Person. Bobby hat eine größere Portion Erdbeer als Alec, weil er sehr steif in seinem Verhalten und seinen Routinen ist. Alec hat mehr Schokolade als Bobby, weil er stärkere kommunikative Bedürfnisse hat. Obwohl die Sorten in jedem Autismus-Eisbecher gleich sind, sind ihre Proportionen sehr unterschiedlich.

Die Größe der Kugeln verändert sich auch mit dem Umfeld. Bobbys Vanilleeis wird zum Beispiel viel größer, wenn er in einer lauten Menschenmenge ist – seine Probleme in sozialen Situationen werden schwerwiegender. Wenn er gemütlich zu Hause sitzt, sieht sein Autismus ganz anders aus, manchmal ist er kaum bemerkbar.

Zeit spielt auch eine Rolle. Je älter Ihre Kinder werden und je mehr Sie eingreifen, desto eher verändern sich die Kugelgrößen.

Das ist etwas, das viele Menschen an Autismus verwirrt. Bei der Diagnose sagt man Ihnen, dass Ihr Kind eine lebenslange Beeinträchtigung hat und dass Sie mehr oder weniger damit leben müssen. Niemand hat mir gesagt, dass Autismus zwar nicht verschwindet, sich aber mit der Zeit radikal verändert. Und ich wünschte, ich hätte das gewusst.

Mit ein wenig Hilfe verbessern sich soziale Fähigkeiten oft schnell. Mit den richtigen Strategien kann ihr Denken weniger starr werden. Und auch ohne all diese Tipps werden Erfahrung und Reife im Lauf der Jahre ihren Zauber entfalten.

Wenn Sie Mutter oder Vater sind und das hier lesen, dann lassen Sie mich Ihnen ganz arrogant sagen, dass Autismus kein Ziegelstein ist. Autismus ist eher wie Ton und Sie haben die Macht, den Ton so zu formen, dass die Schwierigkeiten Ihrer Kinder leichter werden, sodass die positiven Aspekte von Autismus glänzen können.

Und genauso wie bei Ton sollten Sie schnell arbeiten, denn manche Verhaltensweisen können sich mit der Zeit verhärten und verfestigen. Wenn Sie in frühen Jahren zu formen beginnen, können Sie Ihrem Kind enorm helfen. Aber glauben Sie bitte nicht, dass Sie das alles in den nächsten paar Tagen tun müssen. Für die Tipps, die ich Ihnen mitgeben möchte, brauchen Sie keine besonderen Fähigkeiten, Sie verändern nur Ihre Art der Erziehung ein wenig.

Autismus ist formbar, wie Ton, und Sie haben die Macht, den Ton so zu formen, dass die Schwierigkeiten Ihrer Kinder leichter werden, sodass die positiven Aspekte von Autismus glänzen können.

So, jetzt haben wir unsere unterschiedlich großen Eiskugeln. Jetzt kommt der lustige Teil. Schokoladensauce. Wir verwenden Schokoladensauce, um sensorische Probleme darzustellen. Sensorische Probleme wurden bis vor Kurzem eher vernachlässigt, wenn es um eine Beschreibung von Autismus ging. Das liegt daran, dass ein viertes Symptom nicht gut in die Triade passt. Sensorische Schwierigkeiten sind aber ein zentraler Bestandteil von Autismus und können andere Eissorten sogar unter sich begraben.

Sensorische Schwierigkeiten bedeuten, dass die Art, in der jemand die Umwelt mit einem seiner Sinne erfasst, von der Norm abweicht. Es ist nicht leicht, zu kommunizieren oder flexibel zu sein, wenn Sie zum Beispiel das Gefühl haben, dass Ihr Umfeld Sie angreift.

Moment, ich drehe mal das Thermostat ganz nach unten, bis Ihnen eiskalt ist. Dann drehe ich ein bisschen Musik auf, die so laut ist, dass Sie sich nicht konzentrieren können. Fühlen Sie sich sozial? Kommunikativ? Flexibel? Dachte ich mir.

Sensorische Schwierigkeiten sind aber ein zentraler Bestandteil von Autismus und können andere Eissorten sogar unter sich begraben.

Wir verwenden Schokoladensauce in unserem Eisbecher für sensorische Probleme, weil sensorische Probleme andere Elemente des Autismus manchmal überdecken können. Manchmal sogar so sehr, dass Sie über die Eissorten nur wenig sagen können. Erst, wenn Sie sich mit dem Umfeld einer Person beschäftigen, finden Sie heraus, was diese stört. Dann können Sie es anpassen, um das volle Potenzial einer Person auszuschöpfen.

Als Nächstes kommt Erdbeersauce, die den wundervollen Ausdruck »komorbide Störungen« repräsentiert. In anderen Worten: andere Störungen, an denen Ihr Kind leiden kann. Wir müssen sie mit einbinden, weil sie das Bild unseres Kindes vervollständigen.

> *Erst, wenn Sie sich mit dem Umfeld einer Person beschäftigen, finden Sie heraus, was sie stört. Dann können Sie es anpassen, um das volle Potenzial einer Person auszuschöpfen.*

Je mehr Sie über Autismus wissen, desto eher verstehen Sie, dass die Grenzen von Autismus nicht so starr sind, wie Sie vielleicht denken. Oft geht Autismus mit anderen Diagnosen einher, zum Beispiel ADHS (Aufmerksamkeitsdefizit-Hyperaktivitätsstörung) oder OCD (*obsessive compulsive disorder*, zu Deutsch Zwangsstörung). Wir nehmen also Erdbeersauce, um zu zeigen, dass die Eigenschaften von Autismus durch andere Diagnosen manchmal schwieriger zu identifzieren sind.

Der Autismus-Eisbecher kann noch mit einer Waffel oder einem Schokostick ergänzt werden. Für Konferenzen kaufen wir normalerweise eine ganze Packung davon, weil wir wissen, dass wir sonst keine mehr haben, bis wir zur Demonstration des Eisbechers kommen.

Der Schokostick repräsentiert Verhaltensschwierigkeiten. Manche denken, Verhaltensschwierigkeiten seien ein Teil von Autismus. Der Schokostick ist dazu da, zu zeigen, dass dem *nicht* so ist. Er kann zum Eisbecher gegeben werden oder weggelassen werden.

Verhaltensschwierigkeiten sind nur ein sekundäres Problem bei Autismus, kein primäres. Wenn Ihre Wahrnehmungen und Erfahrungen Sie überfluten und Ihre sozialen Interaktionen Sie überfordern und nervös machen, dann werden Sie früher oder später wahrscheinlich ziemlich traurig. Das liegt nicht per se am Autismus, sondern an einem Umfeld, das nicht auf Autismus ausgerichtet ist. Autistische Menschen sind nicht von sich aus aggressiv, aber Aggressionen sind eine natürliche Reaktion, wenn man sich bedroht fühlt.

Aber auch wenn wir soziale und sensorische Schwierigkeiten berücksichtigen und die Frustrationen, die aus dem Fehlen von Sprache erwachsen, mindern, kann es zu Verhaltensschwierigkeiten kommen.

Wenn autistische Menschen aggressiv werden, dann nennen manche das »herausforderndes Verhalten«. Es gibt Workshops und Kurse, die uns Eltern beibringen wollen, wie man damit umgehen kann, weil es viele Eltern frustriert, verwirrt und verletzt. Wenn Sie das Verhalten Ihres Kinders aber von vornherein als »herausfordernd« bezeichnen, dann haben Sie schon eine negative Einstellung, die sich gleich zeigt, wenn Ihr Kind »herausfordernd« wird. Natürlich will niemand einen »meltdown« (Anm. der Redaktion: völliger Zusammenbruch infolge kompletter Reizüberflutung) haben. Die Autismus-Expertin Phoebe Caldwell (2014a) traf den Nagel auf den Kopf, als sie sagte, dass es »nicht herausforderndes Verhalten, sondern verzweifeltes Verhalten« ist. Wenn Sie Autismus verstehen, dann können Sie den Schokostick von Zeit zu Zeit weglassen. Aber natürlich auch nicht immer: Wir alle verlieren einmal die Nerven, egal, ob wir autistisch sind oder nicht.

Und was ist mit den wesentlichen Aspekten von Autismus, die großartig sind? Gute Frage! Andauernde Leidenschaft. Ehrlichkeit. Ein Auge für Details. Innovatives Denken. Räumliches Vorstellungsvermögen. Manche können gut mit Computern umgehen, andere gut rechnen. Hingabe. Treue. Sie spielen einem nichts vor. Sie suchen keine Ausreden. Diese Eigenschaften werden mit Streuseln symbolisiert.

Eine Kirsche zur Krönung ist optional und repräsentiert das Savant-Syndrom, die Inselbegabung, die manche Autisten haben. Sie haben außergewöhnliche Fähigkeiten auf einem gewissen Gebiet. Daniel Tammet ist ein Beispiel für einen Autisten mit Inselbegabung in Mathematik. Stephen Wiltshire, der ganze Skylines aus dem Gedächtnis zeichnet, ist ein weiteres Beispiel für so eine außergewöhnliche Begabung. Diese Kirsche ist keine Dekoration, sondern ein kleines Extra.

Übrigens verbringen viele Autisten den Großteil ihrer Zeit mit einer Leidenschaft, sodass sie Experten auf diesem Gebiet werden, auch ohne Inselbegabung. Auch sie bekommen eine Kirsche.

Unser Autismus-Eisbecher ist damit fertig.

Normalerweise bin ich zu diesem Zeitpunkt bereits mit Schokolade bedeckt. Tori wartet für gewöhnlich den Applaus ab und verdrückt dann sofort die Eiswaffel aus dem Eisbecher.

Was wir nicht wussten, als wir diesen Eisbecher erfanden, war, wie nützlich er ist, um Kindern Autismus zu erklären.

»Was für ein Eisbecher bin ich?«, fragte Bobby mich einmal, als er das Autismus-Eisbecher-Poster sah, das wir entworfen hatten.

»Du hast ein wenig Schokolade, ein bisschen mehr Vanille und noch ein bisschen mehr Erdbeere.«

»Habe ich Schokoladensauce?«

»Ja, du hast ein bisschen Schokoladensauce, weil du ein sehr sensibles Gehör hast.«

»Ich habe auch Streusel, oder?«

»Du hast eine *Menge* Streusel!«

In den letzten Schulferien malte Bobby ein Bild seines Eisbechers. Normalerweise ist er künstlerisch eher wenig begabt und obwohl er mit einem Pinsel arbeitete, mit dem man einen Zaun streichen könnte, malte er aus der Vogelperspektive ein abstraktes Bild seines Eisbechers. Dann malte er Pokémon-Figuren daneben. Stolz meinte er, das Bild repräsentiere ihn.

Auf diese Art und Weise lernen Kinder, dass Autismus kein blauer Fleck auf dem Knie ist. Er ist Teil der Persönlichkeit und wächst und verändert sich mit dir.

Judy Garland sagte einmal: »Sei immer eine erstklassige Version von dir selbst, anstatt zu versuchen, eine zweitklassige Version von jemand anderem zu sein.« (Aronson 1997)

Für Kinder ist es wichtig, zu verstehen, dass ihr Autismus ein Teil dessen ist, was sie sind, ihnen aber nichts von sich selbst wegnimmt.

Egal, wie gut unsere Definition von Autismus ist, die meisten Menschen werden sie nicht verstehen, wenn wir sie nicht mit einem konkreten Beispiel verbinden.

Darum geht es in diesem Buch. Ich will erklären, wie dieser Eisbecher in der Realität aussieht.

Man kann Autismus nicht mit abstraktem Fachvokabular erklären und annehmen, dass die Leute verstehen, was man meint. Ich war schon auf einigen Konferenzen, auf denen die Teilnehmer nicht wussten, dass Autismus wirkliche, echte Menschen betrifft. Deshalb sollte man diese Menschen in die Erklärung einbinden.

Als ich Autismus an Bobbys Schule erklärte, erwähnte ich zuerst einen Aspekt von Autismus und erläuterte ihn dann an einem Beispiel für Bobbys Verhalten.

Autismus ist nicht so schlimm, wie viele meinen. Aber er ist ein Teil der Persönlichkeit Ihres Kindes. Deshalb müssen Sie Autismus im Bezug auf Ihr Kind vermitteln, damit keine Vorurteile entstehen.

»Machen Sie sich keine Sorgen. Ich hatte schon einmal ein autistisches Kind in einer meiner Klassen, ich weiß, wie ich mit ihm umgehen muss.«

»Nun, einer meiner Freunde hat rote Haare. Wieso kann er nicht Lieder schreiben wie Ed Sheeran?«, sage ich nie, weil ich in solchen Momenten weder den Mut noch die Schlagfertigkeit dazu habe.

Dieser Eisbecher sieht für jeden Menschen anders aus.

Aber bevor Sie jetzt in die Küche gehen, um Ihren eigenen Eisbecher zu machen, muss ich Ihnen noch etwas sagen. Ich beschreibe hier Autismus nach derselben Definition, die gültig war, als meine Kinder ihre Diagnose erhielten. Seither gibt es aber eine neue Version, die nicht mehr auf die Triade der Beeinträchtigungen zurückgeht.

Manche von Ihnen werden sich wohl schon beim Lesen gedacht haben: »Aber was ist mit den DSM-5-Kriterien?«

DSM ist ein Akronym für »Diagnostic and Statistical Manual of Mental Disorders« (diagnostischer und statistischer Leitfaden psychischer Störungen). In diesem System wird auch Autismus klassifiziert. Im DSM-5, der neuesten Version (American Psychiatric Association 2013), wurden einige Änderungen der Autismus-Definition vorgenommen. Anstelle der Idee einer Triade wird nun eine Sammlung von Symptomen beschrieben, unter anderem soziale Kommunikation, Verhalten, Flexibilität und sensorische Empfindlichkeit. Sensorischen Aspekten wird also zum Glück wesentlich mehr Aufmerksamkeit geschenkt.

Seit 2013 fallen damit auch andere Diagnosen, wie beispielsweise das Asperger-Syndrom, unter den Überbegriff der »Autismus-Spektrum-Störung«.

Viele Menschen mit Asperger-Syndrom hat diese neue Klassifikation verärgert, weil sie um ihre eigene Identität gerungen haben. Sie nennen sich bis heute Aspies. Und ich könnte Ihnen jetzt seitenlang erklären, inwiefern sich das Asperger-Syndrom von Autismus unterscheidet, aber dafür ist dieses Buch nicht gedacht.

Um die Schwierigkeiten der Anwendung des Begriffs »Autismus-Spektrum-Störung« auf Menschen mit so unterschiedlichen Fähigkeiten zu umgehen, verwendet das DSM drei Ebenen: Menschen auf Ebene 1 benötigen die wenigste Unterstützung; Menschen auf Ebene 2 benötigen ein wenig mehr Unterstützung; Menschen auf Ebene 3 benötigen die meiste Unterstützung.

Um ehrlich zu sein, ich mag diese ganze Terminologie für Autismus nicht. Ich mochte die alte Terminologie nicht, ich finde die neue um nichts besser. Sie verschafft Eltern auch kein genaueres Bild davon, wie sich Autismus verändert und wie sich ein Mensch entwickelt.

Dieses Ebenen-System beschreibt nur, wie »gut« oder »schlecht« ein Mensch funktioniert. Das Problem ist, dass Autismus wieder als Ziegelstein dargestellt wird, als etwas, das unveränderlich ist.

Und wenn Sie die DSM-5-Definition nicht sehr gut kennen, kann einiges missverstanden werden. Diese Vereinfachung ist vielleicht für Mediziner nützlich, aber kann Laien zu falschen Annahmen veranlassen.

Autisten darüber zu definieren, wie »gut« oder »schlecht« sie funktionieren, kann dazu führen, dass falsche Diagnosen gestellt werden, wenn es um Details geht.

Ich habe Autismus in Kapitel 1 (S. 14) deshalb als Büffet dargestellt, weil er meiner Ansicht nach nicht hierarchisch kategorisiert werden kann.

Vielleicht wollen Sie, dass andere wissen, dass Ihr Sohn »hochfunktionaler Autist« ist, weil Sie wollen, dass die Menschen wissen, dass er schlau ist und keine Lernschwierigkeiten hat.

Oder vielleicht möchten Sie anderen Leuten sagen, dass Ihre Tochter »schweren Autismus« hat, weil sie wissen sollen, wie beeinträchtigt Ihre Tochter dadurch ist.

Nehmen wir einmal an, dass ein »hochfunktionaler« Autist sprechen kann und auf eine normale Schule geht, wie mein Sohn Bobby. Er hat keine Lernschwierigkeiten, aber in manchen Situationen werden seine Fähigkeiten schlechter, weil er unter Druck steht oder gestresst ist. Laut DSM-5 wäre er also auf Ebene 1. Aber wenn ich anderen Leuten sage, dass er »hochfunktional« ist (weil die meisten Menschen mit Ebene 1 nichts anfangen können), nehmen sie vielleicht an, dass er sozial ein wenig eigenartig ist. Sie werden keine Ahnung davon haben, wie schwer es für Bobby ist und wie hart er arbeiten muss, um auf diesem Level zu funktionieren.

Und nach den neuen DSM-5-Kriterien hätte sich Bobbys Ebene in den letzten zehn Jahren durch Reife, Einsicht, Lernen und pädagogische Interventionen verändert. Ich weiß nicht, wie es aussähe, wenn er seine Diagnose heute bekäme.

Auf der anderen Seite müssen wir uns fragen, was wir unter »schwerem Autismus« verstehen. Sensorische Probleme, die zu Meltdowns führen? Fehlende Sprache? Förderschule?

Was ist mit Naoki Higashida, der das Buch »Warum ich euch nicht in die Augen schauen kann« geschrieben hat? Naoki präsentiert sich darin als »schwerer Autist«. Er wirkt so, als ob er keine Sekunde stillsitzen könnte.

Aber mit erstaunlichem Durchhaltevermögen und mit technischer Unterstützung gelang es ihm, auf tiefgründige und erkenntnisreiche Weise darzustellen, welche Herausforderungen Menschen mit Autismus bestreiten müssen. Man kann also unglaublich intelligent sein, aber trotzdem viel Unterstützung brauchen. Wenn wir Autisten auf diese Weise kategorisieren, müssen wir aufpassen, dass wir sie nicht unterschätzen.

Fachjargon, wie er von Ärzten verwendet wird, kann eine gemeinsame Sprache bieten, die wichtige Unterscheidungen beschreibt. Im Alltag schließt es Menschen von Gesprächsthemen aus. Schlimmer noch, es hebt manche Menschen hervor und stuft andere zurück. Und noch schlimmer ist, dass es zu falschen Zuschreibungen führt.

Lassen Sie sich nicht von diesem Fachjargon verwirren. Meine Daumenregel ist: Wenn zwei Menschen sich in einem Fachjargon besser verständigen können, ist das toll. Aber wenn einer von ihnen diesen Jargon nicht spricht, ist das schlecht. Das führt zu einem Ungleichgewicht in der Kommunikation.

Das gilt sowohl für gut informierte Eltern, die einem Lehrer Autismus erklären möchten, als auch für einen Arzt, der zu unwissenden Eltern spricht.

Meine Daumenregel ist: Wenn zwei Menschen sich über einen Fachjargon besser verständigen können, ist das toll. Aber wenn einer von ihnen diesen Jargon nicht spricht, ist das schlecht. Das führt zu einem Ungleichgewicht in der Kommunikation.

Wenn Sie andere Menschen über den Autismus Ihres Kindes aufklären wollen, beschreiben Sie genau, wie er sich auswirkt und wie man damit umgehen kann. Lassen Sie den Fachjargon weg. Lassen Sie Begriffe wie »hochfunktional« oder »schwer autistisch« oder »typisch« weg. Wenn jemand diese Begriffe im Gespräch mit Ihnen verwendet, fragen Sie nach, was genau gemeint ist. Wenn er wirklich weiß, worüber er spricht, dann kann er es Ihnen auch in einfacheren Worten erklären.

Gut, einfache Beschreibungen können sich als ebenso kompliziert herausstellen. Es ist am besten, wenn man beginnt, den Eisbecher auszulöffeln, und sieht, was alles darin steckt.

Gehen Sie ruhig zum Kühlschrank und holen Sie sich ein Eis. Ich sehe Sie dann in Kapitel 3 (S. 36).

3 Man kann Äpfel nicht mit Birnen vergleichen (das ist fruchtlos)

Sie als das akzeptieren, was sie sind

Mit acht Jahren stellte Bobby uns seiner Spielgruppe vor: »Das ist meine Mama, Debby. Sie schreibt das AuKids-Magazin. Das ist Alec, mein Bruder. Er ist ein Riese.«

Bevor wir über die verschiedenen Aspekte von Autismus sprechen, möchte ich ein bisschen abschweifen und Ihnen meine Zwillinge, Bobby und Alec, vorstellen.

Lernen Sie Bobby kennen

Bobby erklärte mir heute Morgen höflich, dass Bobby der Spitzname für Robert ist. Ich bin froh, dass er mir das gesagt hat. Es ist ja nicht so, als wäre ich bei seiner Geburt nicht dabei gewesen.

Wir hatten die Idee, ihn »Rob« zu rufen. Wir verwendeten schlussendlich alle möglichen Spitznamen, von Bob und Rob bis Bobby, Bobster und Robster-dobster. Dann erklärte uns eine Sprachtherapeutin, dass das verwirrend sein könnte, und wir legten uns auf einen Spitznamen fest. Er schien Bobby am meisten zu mögen, also entschieden wir uns dafür.

Bobby hätte fast sein eigenes Buch bekommen. Vielleicht kommt das noch. Seine Bobbyismen, mit denen ich meine Kapitel einleite, sind Auszüge aus dem, was er Tag für Tag an klugen Sprüchen bringt. Weil er Sprache nicht auf normalen Wegen erlernen konnte, erfindet er gerne eigene Wörter und Ausdrücke (zum Beispiel »Tabasco-Wasser«

für zu heißes Wasser in der Badewanne) und ich finde, manche davon sollten in ein Wörterbuch aufgenommen werden. Seine Ehrlichkeit, verbunden damit, dass er alles nahezu wortwortlich nimmt, und der Neigung, Dinge so zu tun, wie es sonst niemand tut, machen den Alltag mit ihm erfrischend.

Bobby hat seine eigenen Vorstellungen von Erfolg. Er möchte gerne YouTube-Millionär werden. Und ganz ehrlich? Ich wünsche es ihm. Er ist hervorragend in Videospielen und kann großartig präsentieren. Ich habe keine Ahnung, wie leicht oder schwer man in diese Branche kommt, aber ich kann mir vorstellen, dass er mit seinem Autismus eine Marktnische findet.

Er ist nicht nur ein begabter Programmierer und Videospieler, sondern kann sich auch noch alle 721 Pokémon und ihren Typ merken. Das wird sicher noch einmal nützlich werden.

Er ist unglaublich witzig, liebevoll und fürsorglich. Alec schnappt oft nach ihm und Bobby weicht immer mit erstaunlicher Wendigkeit und Schnelligkeit aus. Und nur in den seltensten Fällen zahlt er es Alec heim. Je älter er wurde, desto mehr verstand er auch die Unterschiede zu seinem Bruder. Mittlerweile ist er mir eine große Hilfe und schafft es, Alec vor Ärger zu bewahren und ihn zu beruhigen, wenn es notwendig ist.

Diese verantwortungsvolle Seite hat sich erst in den letzten Jahren entwickelt, aber ich bin wahnsinnig froh darüber. Andererseits bekomme ich, wenn ich ihm sage, er soll etwas machen, und er spielt gerade Super Mario, als Antwort: »Bin ich jetzt dein Sklave?« (Die Frage ist ernst gemeint.)

Ich sollte hier wohl noch jemanden erwähnen, nämlich Pikachu. Bobbys Spielzeug-Pikachu begleitet ihn überallhin. Wenn er schwimmt, sitzt Pikachu am Beckenrand und sieht ihm zu. Wenn er eine Prüfung schreibt, sitzt Pikachu auf seinem Schoß. Bobby ist sogar einen Hindernislauf mit Pikachu im Arm gelaufen.

Ein Cousin hat Bobby Pikachu geschenkt, als er ungefähr neun Jahre alt war. Seitdem trennt Bobby sich nur einmal im Monat von ihm, und zwar, wenn Pikachu in die Waschmaschine muss.

Wir haben versucht, Bobby davon zu überzeugen, dass ein kleinerer Pikachu praktischer wäre. Wir haben sogar eine Mini-Version der Weiterentwicklung von Pikachu, Raichu, gekauft. Außer Hörweite meinte Gavin sogar einmal zu mir, dass wir Pikachu doch auch einfach »verlieren« könnten. Aber Bobby gibt sein Pikachu nicht auf.

Pikachu ist für Bobby ein Glücksbringer und ich glaube, dass er sich mit ihm auf irgendeine Art und Weise verbunden fühlt. Und wenn ich ehrlich bin, ich habe wichtigere Projekte, als Bobby von seinem Spielzeug zu trennen.

Manchmal glaube ich, dass Bobby weiß, was er dabei tut. Man sieht Autismus nicht gleich und ich glaube, Pikachu wurde seine Art und Weise zu sagen: »Lass mir meine Ruhe, ich fühle mich jünger, als ich bin.«

Alle in Bobbys Schule kennen ihn als den Jungen mit dem Pikachu. Er ist legendär geworden. Pikachu ist sogar auf sein Klassenfoto gekommen. Jetzt steht in dem Jahrbuch in wunderschöner kursiver Schrift: »Bobby Elley und Pikachu«. Ich glaube, das zeigt, wie großartig Bobbys Schule ist. Und falls Sie sich fragen, was die anderen Eltern dazu sagen: Ihnen wurde das Jahrbuch auch ohne Pikachu angeboten.

Bobby ist nicht materialistisch, vor allem dann nicht, wenn es um Trends geht. Viele autistische Menschen sind nicht materialistisch, es interessiert sie nicht, wie sie für andere aussehen. Zeig mir einen autistischen Angeber und ich zeige dir jemanden, der nicht autistisch ist.

Dieses Fehlen von Materialismus wurde erst offensichtlich, als er ein Teenager wurde. Während alle anderen versuchen, dazuzugehören (und die gleichen Sachen wie andere zu haben), hält Bobby sich da raus. Es interessiert ihn nicht. Wenn das Leben ein Wettbewerb ist, dann hat Bobby von Anfang nicht mitgemacht. Wenn er seine Socken über den Hosensaum ziehen will, dann tut er das. Basta.

Wir versuchen doch immer, unseren Kindern Individualität und Originalität beizubringen, und sagen, dass es besser ist, nicht wie ein Schaf der Herde zu folgen. Autisten sind von Natur aus Meister in dieser Disziplin. Die meisten von uns richten sich früher oder später nach der Norm. Weil Autisten die Norm nicht interessiert, haben sie viele wissenschaftliche Durchbrüche geschafft. Sie lassen sich nicht leicht beeinflussen und wenn sie etwas lieben, dann tun sie nichts anderes.

Wenn wir ihr Selbstbewusstsein stärken, ihre Unterschiede schätzen und aufhören, sie anpassen zu wollen, dann sehen wir, dass wir originelle Köpfe vor uns sitzen haben.

Dass Bobby sich so wenig um sein Image kümmert, ist erfrischend. Immer wenn ich versuche, ihm ein neues Outfit aufzuschwatzen, sagt er: »Mama, du musst nicht cool aussehen, um cool zu sein.« Und immer wieder bin ich erstaunt über den kleinen Buddha vor mir.

Seine Ersparnisse gehen also nicht für die neuesten Trends drauf. Außer, es geht um Videospiele. Sobald ein neues Super-Mario-Spiel erscheint (eigentlich schon ein Jahr vorher, dank Internet), will Bobby plötzlich einen Zehner, weil er aus dem Bett aufgestanden ist. Plötzlich ist er bereit, all die nervigen Dinge zu tun, die in einem Haushalt so anfallen (natürlich gegen Bezahlung). Und mit großem Interesse fragt er täglich, wie viele Monate er noch auf seinen Geburtstag oder Weihnachten warten muss. Bobbys Pech ist, dass Weihnachten und sein Geburtstag in den selben Monat fallen.

Bobbys Gleichmütigkeit ist beeindruckend. Er hat nie gequengelt, um Aufmerksamkeit zu bekommen. Tatsächlich mag er aufgrund seiner autistischen Ausprägung Aufmerksamkeit gar nicht so gerne. Er hatte neulich einen richtig schlechten Tag, weil seine Mitschüler ihn beim Sport anfeuerten. Wenn er einen schlechten Tag in der Schule hat, dann schiebt er das beiseite und macht am nächsten Tag einen Neuanfang. Das ist selten bei autistischen Kindern, die sich oft zusammenreißen müssen, bis sie nach Hause kommen.

In den seltenen Fällen, in denen jemand etwas Gemeines zu Bobby sagt, weigert er sich, seinem Mitschüler böse zu sein. Er meint dann, dass derjenige Nachhilfe in Autismus braucht.

Diese Unfähigkeit, andere zu verurteilen, ist eine der positiven Eigenschaften von Autismus und kommt daher, dass Autisten nicht generalisieren können. Bobby spricht nicht von Mobbing, er spricht von einem schlechten Tag.

Als ein besonders unausstehlicher Junge in der Grundschule versuchte, Bobby zu ärgern, nannte er ihn »Flappy Bird« wie das Videospiel, weil er mit den Armen wedelt. Bobby ist ihm nicht nur in die Parade gefahren, er hat sie vollständig übernommen, indem er sagte: »Ja! Ich bin wirklich wie Flappy Bird! Wie lustig!« Nichts nimmt einem gemeinen Kind schneller den Wind aus den Segeln, als über sich selbst zu lachen.

Es bringt also nichts, Bobby ärgern zu wollen. Er glaubt an das Beste im Menschen und würde daher niemals annehmen, dass jemand bewusst gemein zu ihm ist. Dieser Gedanke ist ihm gänzlich fremd.

Die »Theory of Mind« beschreibt die Fähigkeit, sich in die Gedanken und Gefühle anderer Personen hineinzuversetzen. Autisten können das meistens nicht. Das macht Bobby verletzlich, ist für ihn aber auch ein Schutzschild gegen Verletzungen.

Zur »Theory of Mind« komme ich später im Buch. Nur weil man eine Fähigkeit nicht hat, bedeutet das nicht, dass man sie nicht erwerben kann. Das gilt für viele Aspekte von Autismus. Man muss Autisten nur bewusster darauf aufmerksam machen. Was man instinktiv nicht weiß, kann man lernen.

Angst (die durch einen Teilaspekt von Autismus verursacht wird, nämlich Starrheit der Gedanken, die es einem schwer macht, sich anzupassen) ist Bobbys Hauptproblem. Aber er ist angesichts dessen erstaunlich heiter, auch wenn er manchmal traurig ist.

Bobby liebt seinen Autismus. Neulich packte er jede Menge Bücher über Feen in seinen Rucksack. Fantasy war bis vor Kurzem nicht sein

Genre, er verstand es erst mit etwa neun Jahren, aber jetzt ist er fasziniert von diesen Welten und entwirft seine eigenen imaginären Landschaften. Wenn Sie geglaubt haben, dass Fantasielosigkeit ein Symptom von Autismus ist, dann liegen Sie falsch.

»Bobby, machst du dir keine Sorgen darüber, dass andere glauben könnten, dass das etwas für Mädchen ist?«, fragte ich ihn. »Nein. Die wissen ja, dass ich einzigartig bin«, erklärte er sachlich und packte noch ein glitzerndes Feenbuch in seinen Rucksack.

Eine positive Einstellung zu Autismus? Die hat er, dachte ich mir und klopfte mir selbst auf die Schulter und stellte mir vor, jetzt ein wenig Urlaub nehmen zu können. Für ungefähr ein paar Jahre.

Bobbys positiver Blick auf Autismus liegt daran, dass er immer wusste, dass er Autismus hat. Ihm wurde früh vermittelt, dass Autismus nicht nur bedeutet, dass er verschiedene Probleme hat, sondern dass ihn Autismus auch einzigartig macht, dass er Dinge tun kann, die andere Menschen nicht tun können.

Das sollte nicht nur sein Selbstvertrauen stärken, sondern ist auch die Wahrheit.

Das erste Mal, als wir merkten, dass Autismus auch Vorteile haben kann (was uns nie gesagt wurde), war, als Bobby lesen konnte, bevor er sprechen konnte. Man nennt das Hyperlexie; viele Kinder im Autismus-Spektrum haben das. Er lernte nicht wie andere Kinder lesen, indem er die Buchstaben zu Lautfolgen verband, sondern er »sah« die Wörter selbst als Muster. Seine Lehrerin machte sich damals Sorgen, dass Hyperlexie sein Lesen beeinflussen werde, dass er vielleicht nicht verstehen werde, was er lese. Aber dem war nicht so.

Bobbys fantastisches Gedächtnis wurde umso nützlicher, je älter er wurde. Als er anfing, die Serie »Unsere kleinen Damen und Herren« zu lesen, konnte er uns genau die Nummer sagen, die er als Nächstes brauchte. Das sparte unglaublich viel Zeit im Buchladen und trug ihm unter seinen Cousins den Titel »der Ninja« ein.

Als Bobby etwa sechs Jahre alt war, erklärte ich ihm, was Autismus ist, indem ich sagte, dass sein Gehirn in manchen Dingen großartig funktioniere und bei anderen ein paar Schwierigkeiten habe. Ich habe ihm die Details erspart, sie waren für ihn auch nicht wichtig. Wenn es sich für Sie wie ein Problem anfühlt, dann sieht es Ihr Kind auch als Problem. Sie führen dieses Gespräch nicht nur einmal, sie führen es immer wieder und sie entwickeln sich mit den Jahren weiter.

Autistische Menschen haben oft Probleme damit, abstrakte Konzepte zu verstehen. Ich habe es daher immer einfacher gefunden, Bobby seinen Autismus zu illustrieren, wenn sein Verhalten und seine Gedanken ihm Schwierigkeiten machten. Wenn er sich Sorgen machte, weil sich eine Routine verändern sollte, dann erklärte ich ihm, dass das an seinem Autismus liege und dass wir nur eine Möglichkeit finden müssten, wie wir ihm bei diesem Problem helfen können. Dadurch, dass wir über sein Problem sprachen und nicht ihn als Problem sahen, konnte er sein Selbstbewusstsein aufbauen.

Als Bobby zwei Jahre alt war, interessierte es ihn nicht, wenn man den Raum betrat. Seine Freunde fühlten sich wie Geister, wenn sie versuchten, seine Aufmerksamkeit zu erlangen. Er reagierte nicht darauf, wenn man ihn ansprach oder etwas fragte.

Er sprach auch erst spät, mit etwa vier Jahren, und sagte alles mehrmals. Ein Gespräch entwickelte sich nicht auf natürliche Weise, wir mussten ihm erst beibringen, wie ein Gespräch funktioniert.

Ich sage oft, dass die Erziehung eines autistischen Kindes ein bisschen wie Lego® ist. Während andere Kinder schnell lernen, wie man kommuniziert, muss man bei einem autistischen Kind diese Fähigkeit Stein für Stein aufbauen. Es ist nicht schwer. Es braucht nur klare Anweisungen an gewissen Punkten, um zu verstehen, wie wir Dinge tun und warum.

Dasselbe gilt für soziale Fähigkeiten. Das Leben glich ein bisschen einer Kochsendung, als Bobby klein war. Wo andere nur kochen, musste ich erklären, welche Zutaten ich verwendete und wie ich sie kombinierte.

Ich sage oft, dass die Erziehung eines autistischen Kindes ein bisschen wie Lego® ist.

Lob, wenn er etwas richtig machte, sowohl in sozialen Interaktionen als auch beim Kommunizieren, wirkte Wunder. Es gab Bobby ein Fundament, auf dem er arbeiten konnte. Es macht mich immer traurig, wenn ich sehe, wie Eltern mit ihren Kindern schimpfen, egal ob sie autistisch sind oder nicht. Das Wort »nicht« sagt nichts darüber aus, was Ihr Kind stattdessen tun soll.

Der beste Teil des Tages ist der Abend, wenn Bobby bettfertig ist und wir plaudern. Er ist entspannt, steht nicht unter sozialem Druck. Ich bin immer wieder erstaunt, wie Bobby über sein Leben sprechen kann und mich fragt, wie es mir geht, wenn er doch in der ersten Klasse keinen Satz bilden konnte. Die Lehrer sagen, dass Bobby sich seiner selbst unglaublich bewusst ist, wie kein anderes autistisches Kind. Er beeindruckt mich. Es macht mich auf eine Art und Weise glücklich, die ich nicht beschreiben kann.

All das ist so weit weg von der Zukunft, die ich nach der Diagnose sah. Was auch immer passiert, Bobby ist in meinen Augen schon jetzt ein Erfolg.

Lernen Sie Alec kennen

Ich dachte nicht an seine Persönlichkeit, als wir ihn Alec nannten. Das ist ziemlich oberflächlich und ich bin auch nicht stolz darauf, aber wir benannten ihn nach Sean Beans Figur Alec Trevelyan im James-Bond-Film *Golden Eye*.

Alec findet seinen Namen schwer auszusprechen und es tut mir leid, ihn nicht Bobby genannt zu haben. Er sagt ihn immer mutig zu seinem Vater, um von ihm gekitzelt zu werden (er will nicht von seiner Mutter gekitzelt werden, das ist weniger lustig). Wenn er ein »A« ausspricht, klingt er ein wenig wie ein Tigerkätzchen. Schwierigkeiten hat er mit dem »L«, das komplizierte Motorik verlangt. Wenn man ein Kind hat, das nicht spricht, sieht man erst, wie kompliziert das Formen einzelner Buchstaben sein kann.

Alecs Unfall hat unser Leben geprägt und ist auch ausschlaggebend dafür, wie wir Alec erziehen.

2006, im September, als sein Unfall ein Jahr zurücklag, fühlte ich mich schrecklich. Das Wetter begann sich zu verändern, es wurde beinahe herbstlich, eine Mischung aus Sommersonne und kalter Luft. Bis heute läuft mir beim Gedanken daran ein kalter Schauer über den Rücken. Man vergisst vielleicht den genauen Tag, an dem es passierte, aber man fühlt, dass er naht. Es war ein fürchterlicher Tag und ich bin froh, dass er vorbei ist.

Im zweiten Jahr nach seinem Unfall beschloss ich, etwas zu tun. Aber was? Wir konnten versuchen, es zu vergessen, aber dieser Tag wäre trotzdem noch da. Dieser Tag saß in einer Ecke des Tages und wartete darauf, sich zu zeigen, sich aufzudrängen.

Ich hatte die Idee, diesen Tag nicht mehr zu fürchten, sondern ihn als eine Art zweiten Geburtstag zu feiern. Paddington Bär hat einen, genauso wie die Queen (das ist vielleicht eine schlechte Reihenfolge), warum dann nicht auch Alec? Wir nannten ihn den »Tag des Überlebens« und von da an gingen wir jedes Jahr essen. Am Tag des Überlebens darf Alec so viel Eis essen, wie er will. Ben & Jerry's haben einen nationalen Feiertag ausgerufen. Okay, vielleicht auch nicht.

Alecs Tag des Überlebens feiert die Tatsache, dass er am Leben und glücklich ist, anstatt daran zu denken, was hätte sein können, wenn dieser Unfall nicht passiert wäre.

Wir denken in allen Bereichen so. Alles, was er schafft, ist ein unglaublicher Erfolg und wir denken nicht daran, was er nicht kann. 100 % der Zeit ein Superheld zu sein ist vielleicht schwer, aber 90 % der Zeit reichen auch.

Ich vergleiche Alec nicht mit anderen Kindern seines Alters oder mit Bobby. Gavin tut das auch nicht. Wir denken an sein individuelles

Leben. Das Einzige, was uns wichtig ist, ist, dass Alec weiterhin Dinge tut, die er vorher nicht konnte.

Meiner Meinung nach ist das der Schlüssel zum Glück, und zwar nicht nur zu unserem. Facebook will von uns, dass wir unser Leben mit anderen vergleichen. Natürlich fühlen wir uns schlecht. Meine Großmutter Sophie hatte die Gabe, das, was in ihrem Leben war, zu schätzen und zu lieben (und es war nicht viel). Sie konzentrierte sich auf Liebe und Musik und ich bewunderte das immer. Alecs Unfall verlieh mir diese Gabe.

Alec kam mit fünf Jahren auf die Förderschule bei uns im Ort. Es gab mir einen Stich in die Brust. Wir waren es so gewohnt, Alecs Fortschritt zu sehen und ihn nicht mit anderen zu vergleichen, dass wir an diese Art der Einstufung nicht gedacht hatten.

»Ist es wirklich so schlimm?«, dachte ich, Tränen in den Augen. Aber dann sehe ich Alec an, wie er grinst, und weiß, dass es nicht so schlimm ist. Ganz ehrlich, Alec könnte sich nicht weniger dafür interessieren, in welche Schule er geht. Er bemerkt schon, dass er anders ist, natürlich tut er das, aber ich glaube nicht, dass er abends darüber nachdenkt, welchen Platz er durch diesen Schulbesuch im Universum einnimmt.

Wenn Sie sich selbst dabei ertappen, sich diese »Warum sind sie anders?«-Fragen zu stellen, dann sollten Sie sich fragen, ob dieses Anderssein für die betroffene Person selbst ein Problem ist. Alec ist glücklich, er hat viel Spaß, sorgt sich selten und macht sich keine Gedanken um die Zukunft. Er lebt im Moment.

Tatsächlich hat mir Alec zwei Dinge beigebracht: die Kunst der Achtsamkeit und die Kunst der Geduld. Diese zwei Dinge gehen Hand in Hand. Wenn Alec ein Motto hätte, wäre es vermutlich »Warum die Eile?«. Dieses Motto ist montags um 8:20 Uhr, wenn wir ihn zur Schule bringen müssen, besonders augenfällig, wenn er, mit einem Stück Faden spielend, zum Auto schlendert. Er hat die Eile eines Menschen auf einer Sightseeing-Tour.

Während ich seinen Hintern ins Auto bugsiere, gerade weit genug, dass ich die Autotür zumachen kann, denke ich mir, dass er es richtig macht und ich falsch. Wir haben keine Eile. Zeit ist abstrakt. Zähne zusammenbeißen und los. Mein Philosophieren wird von Bobby unterbrochen, der in der Tür steht und ruft: »Mama, wo sind meine Schuhe?«

Als wir letzten Sommer in Alecs Zimmer saßen, bemerkte ich, wie er in die Ferne sah. Ich folgte seinem Blick. Er sah den Staubpartikeln bei ihrem Tanz im Sonnenlicht zu. Ich ließ den Gedanken, den ich gerade hatte, los und sah ihnen auch zu. Es war ein bisschen wie sanfter, langsamer Schnee (und erinnerte mich daran, wieder einmal den Staubsauger anzuwerfen). Ich verstand, warum er den Blick nicht davon lösen konnte. Dass er Eile nicht kennt, macht vielleicht viele Situationen stressig, lehrt mich aber auch einiges.

Wir vergessen so viele alltägliche Wunder darüber, was wir als erfolgreich betrachten. Viele Menschen bezahlen viel Geld für Retreats und Kurse, in denen sie genau diese Ruhe lernen wollen, um wieder mit der Welt in Berührung zu kommen.

Aber Alec kann das einfach. Ich kenne niemanden, der so stark mit der Welt verbunden ist wie er. Seine Unfähigkeit, auszufiltern, was andere als unwichtig ansehen, hält ihn vielleicht zurück, aber es hilft ihm auch dabei, das Leben wirklich zu genießen.

Alec hat Durchsetzungsvermögen und Entschlossenheit, und zwar viel davon. Das ist zwar der Grund für seine Schwierigkeiten, aber es half ihm auch dabei, die motorischen Fähigkeiten, die er bei dem Unfall verloren hatte, wiederzuerlangen.

Er ist auch sehr intelligent. Die meisten Menschen übersehen das, denn sie sehen ein behindertes Kind mit leicht schwankenden Gang und einem schiefen Grinsen. Diese Intelligenz zeigt sich, sobald er mit jemandem spricht. Wenn man ihn kennt, sieht man sie auch sonst überall – wenn er eine Birne im Fruchtkorb umdreht, sodass niemand sieht, dass er davon abgebissen hat, oder wenn er seine Rolle als Navigationsgerät annimmt, wenn er auf dem Beifahrersitz sitzt, und einen sogar daran erinnert, dass man im falschen Gang fährt.

Ich bin so glücklich darüber, dass ich ihn nie unterschätzt habe.

Ein nonverbaler, feinfühliger Herzensbrecher, das ist Alec. Lange Wimpern, große Augen, ein verschmitztes Grübchen und eine generell sehr lockere Haltung haben ihm viele Fans eingebracht, die vielleicht sonst ungeduldig mit ihm wären.

Alec findet viele Dinge lustig, die ich nicht so sehe. Genauso wie viele andere autistische Kinder findet er es auch noch nach dem zweihundertsten Mal lustig.

Einmal war es das Wort »Löffel« aus seinem Sprachspiel, das er lustig fand. Immer wieder wollte er das Wort hören und wenn wir es sagten, lachte er von innen heraus. Ich weiß nicht, warum. Ich wünschte aber, ich könnte auch so einfach über etwas lachen.

Und ganz nebenbei: Alec ist der einzige Mensch, den ich kenne, der sich selbst kitzeln kann. Ich wusste nicht, dass das physisch möglich ist.

Alec wird niemals selbstständig leben können und er wird niemals Führungskraft werden (außer vielleicht »Chef-Kekstester«). Aber das ist nicht schlimm. Dadurch, dass er trotz seines Unfalls noch unter uns ist, hat er uns stolz gemacht und mehr erreicht, als ich jemals gekonnt hätte.

Einer meiner Workshops nennt sich »Die Zehn Gebote der Erziehung eines Autisten«. Mein Lieblingsgebot ist: »Du sollst nicht vergleichen.«

Das, was Eltern die meisten Schwierigkeiten bereitet, ist der Vergleich ihres Kindes mit anderen. Das passiert immer wieder, egal ob in der Schule, in Spielgruppen oder in Unterhaltungen. Eltern reden darüber, was ihre Kinder erleben, das ist ganz normal.

Aber Sie müssen nicht dabei mitmachen oder das Gefühl haben, dass Ihr Kind sich nicht normal entwickelt. Sie sind auf einem ganz anderen Spielfeld, oder, um es anders zu sagen, andere Kinder sind Äpfel, unsere sind Birnen. Ihr Kind ist nicht abnormal, es ist anders. Wie ein guter Freund neulich zu mir sagte: »Sie sind nicht kaputt, sie wurden so gebaut.«

Wenn Sie einen Apfel erwarten, werden Sie enttäuscht. Akzeptieren Sie Ihre Birne und Ihr Leben wird einfacher werden.

4 Glück hängt von der Perspektive ab
Mit der Diagnose leben

Als Bobby acht Jahre alt war, konnte man sicher sein, dass er etwas angestellt hatte, wenn er fragte: »Ist Eislaufen auf dünnem Eis wirklich sicher?«

Ein Sprichwort lautet: »Wenn das Leben dir Zitronen gibt, mach Limonade daraus.«

Das Leben hat mich mit Orangen beworfen und ich mag Orangensaft. Sollte ich meine Zwillinge so akzeptieren, wie sie sind, statt mich darüber zu ärgern, dass ich Orangen statt Zitronen bekommen hatte?

Das war ehrlich gesagt eine ziemlich einfache Entscheidung. Durch Alecs Unfall würden wir das ganze Leben lang zu kämpfen haben, ich wollte mich nicht ärgern oder traurig sein, sondern die Situation einfach akzeptieren. Aber um zu akzeptieren, musste ich mich zuerst mit ein paar Ängsten auseinandersetzen, und zwar frontal.

Wenn man die Realität nur durch einen kleinen Spalt in sein Leben scheinen lässt, dann wird sie zu einem blendenden Lichtstrahl, der schmerzhaft anzusehen ist. Die Ironie ist aber, dass das Licht weicher wird, wenn man die Wand als Ganzes einschlägt. Es ist weniger furchteinflößend.

Die erste Dosis Realität erhielt ich 1999, als ich beschloss, mein Hobby zum Beruf zu machen und Journalistin in Vollzeit zu werden.

Zu Neujahr gibt man sich gern leere Versprechen. Aber in ein neues Jahrzehnt einzutreten war bedeutend für mich. Eine Woche vor Beginn des Jahres 2000 kaufte ich das Buch *Lebensstrategien* von Dr. Phil McGraw, einem regelmäßigen Gast bei Oprah Winfrey. Ich hoffte, es werde mir den richtigen Weg weisen, und glauben Sie mir, das tat es.

Nach ein paar nicht besonders lukrativen Freelance-Jobs und einem lausigen Praktikum (eine Woche Vollzeit zu arbeiten für eine Ausgabe eines Frauenmagazins war wirklich ein Tiefpunkt für mich), suchte ich nach Arbeit. Ich wurde Redakteurin der Dorfzeitung *Wiltshire Gazette and Herald.* Langsam, aber sicher arbeitete ich mich zur Mitherausgeberin hoch. Mir wurde das Feuilleton überlassen und innerhalb der nächsten zwei Jahre, die auf meine Lektüre von Dr. Phils Buch folgten, hatte ich mich glücklich in meinem Job eingefunden, redigierte Meldungen und schrieb Film-Rezensionen.

Ich konnte es wirklich nicht glauben, aber all das geschah wegen eines einfachen Grundsatzes: die Realität zu akzeptieren.

Dr. Phil ist ein Meister darin, es so zu sagen, wie es ist, und schon nach dem ersten Kapitel gaben mir seine Worte die Art von Realitäts-Ohrfeige, die ich gebraucht hatte.

Er schrieb über all die Tricks, die Leute anwenden, um sich vor der Realität zu verstecken: das zu sehen, was sie zu sehen hoffen oder glauben, ohne das, was wirklich vor ihnen ist, zu sehen. Genau das hält sie davon ab, ihre Ziele zu erreichen, weil ihre Weltsicht sehr ungenau ist.

Ich setzte mich hin, atmete tief ein und bereitete mich darauf vor, der Wahrheit ins Auge zu blicken. Indem ich mich meinen Ängsten stellte und meine Ansichten über einen Traumjob hinterfragte, gewann ich ein unglaubliches Selbstvertrauen. Es gab mir Macht über mein Leben.

Ich erkannte, dass ich im Kopf etliche negative Bänder abgespielt hatte. Immer wieder hatte ich mir selbst gesagt, dass ich nicht schreiben könne, dass diese Dinge nur anderen Menschen passierten, dass ich für das, was ich vorhatte, nicht die entsprechende Erfahrung hätte und dass es mit 30 sowieso zu spät sei.

Dr. Phil holte mich aus dieser Endlosschleife heraus. Sein Buch forderte mich auf, mich hinzusetzen und zuzuhören. Wie sich herausstellte, war ich durch ein einsames Schloss aus falschen Annahmen gewandelt.

Ich wagte es, mich selbst zu hinterfragen. Aus welcher Angst heraus waren diese Gedanken entstanden? Wusste ich genug, um Vermutungen anzustellen? Rätselte ich nur, weil ich keine Antworten hatte oder die Antworten vielleicht zu schmerzhaft waren?

Woher wollte ich zum Beispiel wissen, dass jeder Journalist auf dieser Erde einen Abschluss in Publizistik hatte? Hatte ich sie gefragt? Es war nur meine Vermutung. Mein eigener Abschluss in englischer Sprache und Literatur war wohl nicht irrelevant bei diesem Berufswunsch.

Mir war nicht klar, dass ich mir diese Realität konstruiert hatte, aber als ich sie klar vor mir sah, riss ich das ganze Schloss ab und sah der Wirklichkeit ins Auge. Meine Realität war vielleicht bequem, aber sie basierte auf nichts.

Ich schuf mir eine neue Realität. Sie basierte auf Wissen, auf Recherche, und ich wagte die ersten Schritte in die Zukunft, die ich mir für mich vorstellte.

Warum tun wir das? Warum konstruieren wir uns solche Realitäten? Es befreit uns von Verantwortung. Mit diesem Schloss aus Vermutungen hatte ich nicht den Mut dazu, aus dieser Wirklichkeit auszubrechen. Ich versuchte, mich vor möglichen Fehlschlägen zu schützen.

Dieses Buch lehrte mich, zu sehen, wie ich ausbrechen musste, um meinen Zielen entgegenzugehen, anstatt mit meinem Kopf in den Wolken zu hängen.

In meinen Dreißigern Berufserfahrung zu sammeln war bestimmt nicht geplant, aber es zeigte mir, wo meine Fähigkeiten lagen. Es bestätigte mir, dass ich Fähigkeiten besaß.

Und, ganz nebenbei, würde ich den von sich eingenommenen Tanten, die mich bei diesem Frauenmagazin herumkommandierten und meine Kleidung kritisierten, gerne sagen: »Schau, wo ich jetzt bin!«

Spulen wir den Film vor, zu der Zeit nach der Diagnose: Ich war es gewohnt, meine Realität regelmäßig zu überprüfen, sodass ich nichts vor mir selbst verstecken konnte. Jedes Mal, wenn ich das Gefühl hatte, über etwas nicht nachdenken zu wollen, setzte ich mich hin und hinterfragte mich selbst. Ich hinterfragte meine Ängste und die Vermutungen, auf denen sie basierten.

Wenn es um Autismus ging, musste ich mich fragen, wovor ich am meisten Angst hatte. Hatte ich Angst davor, dass unsere Kinder anders sein würden, oder hatte ich Angst davor, dass sie unglücklich sein könnten? Ich hatte Angst davor, ein anderes Leben zu führen, ein Leben, von dem ich nichts wusste. Ich hatte Angst davor, nicht zu genügen, der Herausforderung nicht gewachsen zu sein. Ich hatte Angst davor, meinen Kindern nicht das geben zu können, was sie brauchten, weil ich die Informationen nicht hatte, die ich brauchte, um sie wirklich zu unterstützen.

Vor allem hatte ich Angst davor, nicht mehr in mein eigenes Leben zu passen.

Und so stellte ich mich meinen Ängsten. Es lief praktisch auf eines hinaus: Ich hatte nicht genug Informationen.

Sie wissen ja bereits, dass ich zur Eule wurde. Und alle Ängste verschwanden, weil ich mich ihnen stellte.

Es gibt Antworten, und zwar viele, Sie müssen sie nur finden. Wenden Sie Ihre Energie darauf, Gründe dafür zu suchen, dass Ihr Kind tut, was es tut, anstatt sich zu wünschen, Sie hätten eine Zitrone, keine Orange. Es wird Ihnen guttun.

Wenn Sie die Realität Ihrer Kinder verstehen, ergibt alles Sinn. Halbwegs zumindest. Meistens. Nicht immer. Ich werde Ihnen ein wenig später von meinen Ergebnissen berichten.

Meine Einstellung änderte sich von negativ zu neutral. Jetzt war es an der Zeit, meine Einstellung zum Positiven zu verändern.

Als Optimistin hatte ich immer schon einen Hang zum positiven Denken.

Im Alltag mit meinen Zwillingen bedeutet dieses positive Denken, dass ich meistens gute Laune habe und fast alles mit Humor nehmen kann.

Es hilft mir, mit meinen Problemen zurechtzukommen (es ist passiert, komm darüber hinweg) und mich auf Lösungen zu konzentrieren. Außerdem habe ich so eine positive Energie entwickelt, die jeden ansteckt, der mit Bobby und Alec arbeitet. »Hey, ich habe eine Idee. Hast du schon das hier probiert?« motiviert Menschen eher als »Oh, schon wieder dieses Problem. Schlimm, oder? Es ist wirklich schlimm«.

Wenn Sie Ihr Kind mit einem Seufzen vorstellen, verbessern Sie weder Ihren eigenen Tag noch den Ihrer Kinder. Wenn Sie mit einem Lächeln in den Raum gehen, dann bekommen die Lehrer das Gefühl, dass Ihr Kind keine Belastung ist, sondern es Spaß macht, mit ihm zu arbeiten.

Also, wie macht man das? Muss ich für positives Denken die Realität vergessen?

Glauben Sie mir, das müssen Sie nicht. Es kommt ganz auf Ihre Perspektive an.

Ich erzähle Ihnen jetzt eine langweilige Geschichte aus meinem Leben. Später wird klar werden, warum ich Ihnen das erzähle. Keine Sorge also, es ergibt Sinn.

Nach einem langen Tag mit meinen Kindern tue ich nichts lieber, als fernzusehen. Zwischen 16 Uhr und 18 Uhr sind im britischen Fernsehen hauptsächlich Quizshows zu sehen. Man sieht einfach zu, muss nichts tun, nicht denken, sich nicht bewegen und stimmt sich langsam auf den Abend ein.

Ich bin nicht wählerisch, wenn es darum geht, welche Quizshow ich mir ansehe. Manchmal wechsle ich auch den Kanal zu einer anderen Sendung. Auf Kanal 4 gibt es eine Quizshow, sie heißt *Deal or no Deal* und man kann 10000 Pfund gewinnen. Trotz der hohen Gewinnsumme kann es am Ende Tränen geben.

Im Prinzip ist es eine Spielshow und wenn man zu früh aus dem Spiel geht, also eine kleinere Summe mit nach Hause nimmt, dann verpasst man die Chance, vielleicht sogar 250000 Pfund zu gewinnen. Deshalb weinen die Kandidaten oft, wenn sie »nur« 10000 Pfund mit nach Hause nehmen.

Das Konkurrenzprogramm auf BBC ist die Sendung *Pointless*, in der 2000 Pfund schon Grund zum Jubel sind. Aber weil die Sendung auf BBC läuft, schüttelt man dem Moderator einfach nur glücklich die Hand. Bei dieser Sendung sind 2000 Pfund ein guter Gewinn.

Was hat das alles mit Autismus zu tun?

Mir geht es mit dieser Geschichte darum, zu zeigen, dass es um die Perspektive geht. Egal, wie viel oder wenig man hat, die Perspektive macht glücklich oder unglücklich.

In anderen Worten: Nicht der Autismus macht Sie unglücklich, sondern Ihre Perspektive darauf.

Martha Washington, die First Lady der USA, sagte einmal: »Der Großteil unseres Glücks oder Unglücks hängt von unserer Gesinnung ab, nicht von unseren Umständen. Wir tragen den Samen zu beidem immer im Geiste mit uns herum.«

Glück ist kein konstanter Zustand. Glück ist, wenn etwas die eigenen Erwartungen übertrifft. Und weil Sie Ihre Erwartungen selbst wählen, haben Sie die Macht, Ihr eigenes Glück zu schaffen.

Ich weiß, dass es jetzt so aussieht, als hätte ich zu viele Lebensratgeber gelesen. Aber es hilft wirklich.

Ich habe das Prinzip der Perspektive auf die harte Tour gelernt. Nachdem Alec beinahe sein Leben verloren hätte, wurden meine Erwartungen durch sein Überleben übertroffen. Uns wurde gesagt, dass die ersten 72 Stunden kritisch seien. In diesen Tagen werde das Pendel mal in die eine, mal in die andere Richtung schwingen. Wir hatten keine Kontrolle darüber.

Nachdem er es geschafft hatte, schloss ich einen kleinen Pakt mit dem Universum: Dafür, dass er überlebt hatte, würde ich mir nicht zu viel wünschen.

Wir haben das nie vergessen.

Unsere Erwartungen wurden bereits übertroffen, aber erst nach diesem Unfall bemerkte ich, wie häufig Eltern von ihren Kindern im Bezug auf ihre Erwartungen an sie sprachen.

Mir wurde klar, dass ihr Glück mit ihrem Kind immer von äußeren Faktoren abhängen würde.

Während normale Eltern bereits überlegten, auf welche Universität sie ihre Kinder schicken wollten, sah ich in Eltern von autistischen Kindern das Gegenteil. Sie waren beunruhigt darüber, was ihre Kinder noch nicht konnten, und hatten Angst, dass ihre Kinder dem Standard nicht entsprechen könnten.

Diese Idee eines Standards rührt daher, dass diese Eltern ihre Orangen mit Zitronen vergleichen. Ich wollte dieses Spiel nicht mitspielen.

Alec hatte unsere Erwartungen bereits übertroffen und Bobby auch, denn obwohl bei ihm eine Behinderung diagnostiziert wurde, konnte ich, abgesehen davon, dass er nicht sprach, kein Problem sehen. Er war immer noch ein sehr glückliches und aufgewecktes Kind. Niemand konnte mich vom Gegenteil überzeugen.

Als wir akzeptiert hatten, dass unsere Zwillinge einen eigenen Weg durch das Leben gehen würden, begannen wir, uns für die Dinge zu entscheiden, die gut für unsere Kinder waren. Wir trafen unsere Entscheidungen nicht danach, was für andere gut aussah.

Als es darum ging, eine Schule auszusuchen, wollte ich Alec und Bobby nicht voneinander trennen. Aber der Realität ins Auge zu sehen zeigte mir, dass sie sehr unterschiedliche Bedürfnisse hatten.

Wenn Alec auf eine Förderschule gehen musste, dann sollte es so sein. Ich wusste, dass Alec, der kleine, süße Junge, der immer lächelte, in einer normalen Schule sitzen könnte und niemandem zur Last fallen würde, aber gar nichts lernen würde.

Eine normale Schule hätte ich mir vielleicht für Alec gewünscht, aber es war nicht, was er brauchte.

Ich gebe zu, dass ich weinte, als ich mir die Förderschule ansah, auf die Alec gehen wollte. Ich war noch nie von so vielen körperlich behinderten Kindern umgeben gewesen. Manche von ihnen brauchten Rollstühle, manche hatten Gehhilfen, andere mussten künstlich ernährt werden.

Alec hat einen schwankenden Gang, damals zitterte er noch mehr und war in seiner eigenen kleinen Welt. Aber er brauchte körperlich keine Hilfe. Ich hatte Angst. Eine kleine Angst, eine dünne Stimme, die mich fragte: »Ist dein Kind so beeinträchtigt? Ist das jetzt sein Leben?«

Bis dahin hatte ich eine ziemlich verdrehte Sicht auf die Welt, die auf überhaupt gar keinem Wissen über Beeinträchtigungen basierte.

Es gab uns »normale« Menschen und diese armen, traurigen, beeinträchtigten Menschen. Ihre Traurigkeit könnte ja ansteckend sein, also blieb ich auf meiner glücklichen, »normalen« Seite des Lebens. Weil ich Angst davor hatte, spendete ich an gemeinnützige Organisationen und klopfte mir auf die Schulter.

Dann: Bang! Das hier ist jetzt euer Leben. Alecs neues Leben. Förderschule. Ich musste schlucken.

Ich verstand, warum Eltern alles Mögliche taten, damit ihre Kinder nicht auf Förderschulen gehen mussten – auch wenn es für ihre Kinder besser wäre. Denn sein Kind auf die Förderschule zu schicken bedeutet, dass das Kind nicht nur anders, sondern sehr, sehr anders ist. In unserer Familie konnten wir uns aussuchen, was wir glauben wollten. Das hier war die Realität.

Ich wusste damals noch nicht, dass Förderschulen voller Freude, Liebe und Lachen sind. Und auch nicht, dass sie zum Bersten voll sind mit den freundlichsten, nettesten Menschen auf diesem Planeten.

Alecs Schule war perfekt für ihn. Ich lernte bald, dass das medizinische Equipment nicht zwingend mit den geistigen Fähigkeiten eines Kindes korreliert. Alecs Unterricht war speziell auf ihn zugeschnitten. Förderschulen arbeiten anders als normale Schulen. Sie arbeiten nach der Art des Lernens.

Zwei meiner Vermutungen waren also wie weggeblasen: Erstens, dass die Kinder mit schwerer körperlicher Behinderung geistig nicht so fit sein konnten wie Alec, und zweitens, dass eine Klasse voller Kinder mit unterschiedlichen Fähigkeiten sein Potenzial untergraben würde.

Alec kam in die sensorische Klasse, wo ihm dabei geholfen wurde, mit all seinen Sinnen zu lernen, durch Berührung, durch Ansehen, durch Musik. Sie verwendeten Whiteboards, mit denen er arbeiten durfte. Das liebte er besonders. Er blühte auf.

Er hatte auch Aufgaben, hatte Verantwortung. Beim Mittagessen setzte man ihn zu Kindern, die nicht gern aßen, damit er ihnen zeigen konnte, wie es geht. Ich konnte ihnen kaum glauben, als sie sagten, er habe das Klassenbuch ins Lehrerzimmer gebracht. »Er kommt nicht immer gleich zurück, wenn er etwas Interessantes in der Halle sieht«, lächelte sein Lehrer, »aber wenn er zu lange braucht, schicken wir einen kleinen Suchtrupp los.«

Bobby hingegen stach auf der normalen Schule hervor. Er wedelte mit den Armen, summte vor sich hin, sprach wenig. Dann schrieb er alle Buchstaben des Alphabets an die Tafel, und zwar in der richtigen Reihenfolge. Er fand eine Art Freund. Ein Assistenzlehrer, der kein Experte für Autismus war, wurde Experte für Bobby. Auch er blühte auf.

Er war eine Orange, eine selbstbewusste, lustige, freundliche Orange. Wen kümmert es, dass er keine Zitrone ist?

Positives Denken hat nichts damit zu tun, sich etwas vorzumachen. Es geht darum, der Realität ins Auge zu blicken, sich seinen Ängsten zu stellen und eine Perspektive einzunehmen, die sich auf die 10000 Pfund konzentriert, die man schon gewonnen hat, anstatt an die 250000 Pfund zu denken, die man hätte gewinnen können.

Nach Alecs Unfall war ich für alles dankbar. Am meisten dafür, dass meine Kinder glücklich waren.

Und später lernte ich, dass meine Kinder aufblühten, wo andere den Mut verloren. Ich bemerkte, dass sie viel mehr Kirschen und Streusel hatten, als es die Triade der Beeinträchtigungen suggerierte. Als ich mich an dieses Leben gewöhnt hatte, fühlte es sich normal an.

Autismus war also ein wenig wie ein neues Paar Schuhe. Ich musste sie einlaufen, damit sie sich normal anfühlten.

Bei uns zu Hause hängt ein kleines Schild über der Terrassentür, das mein Bruder für mich gekauft hat: »Soweit alle wissen, sind wir eine normale, freundliche Familie.«

Normalerweise mag ich solche Sprüche nicht als Dekoration, weil sie das Offensichtliche aussprechen. Aber ich liebe dieses Schild, es ist beinahe ironisch.

Ungeachtet des Autismus sind wir ganz normal. Jede Familie unterscheidet sich von anderen, bei uns ist es eben der Autismus, der den Unterschied macht. Wir sitzen nicht traurig in einer Ecke, wir sind immer noch lebensfroh und glücklich. Der Autismus ist da und ist zu einem Teil unseres Alltags geworden. Er definiert uns nicht und sagt uns auch nicht, was wir tun sollen. Er ist einfach da.

Wir haben die Diagnose überwunden. Und ich lebe in einer Zukunft, die ich mir nicht vorstellen konnte, als meine Kinder fünf Jahre alt waren. Und jeder Schritt dieses Weges ist ein Abenteuer.

5 Wenn wir die Welt nicht fürchten, fürchtet sie uns auch nicht

Einen neurodiversen Planeten aufbauen

Als Bobby zehn Jahre alt war, fragte ich ihn, warum er unbedingt jeden Tag Äpfel in die Schule mitnehmen wollte, obwohl es Obst in der Cafeteria gab. Er antwortete: »Weil ich autistisch bin, Mama. Ich esse auf MEINE Weise.«

Neurowas? Im Moment hört man dieses Wort immer wieder. In Autismus-Gruppen sollten Sie es mindestens in jeden fünften Satz einbauen. So wirken Sie, als ob Sie wüssten, wovon Sie sprechen.

Unabhängig vom fachsprachlichen Gebrauch bedeutet Neurodiversität etwas, das ich vollkommen unterstütze.

Es bedeutet, dass wir alle unterschiedlich sind und diese Unterschiede ausleben sollten, anstatt alle Menschen an eine Norm anzupassen.

Ich glaube mittlerweile wirklich, dass sie solche Worte erfinden, damit sie Konferenzen abhalten können.

Okay. Neurodiversität ist kompliziert. Aber wissen Sie was? Für uns Eltern reicht diese Definition. Aus meiner Sicht bedeutet es, mit dem zu leben, was man hat, und damit glücklich zu sein.

Ich wollte über Neurodiversität sprechen, weil wir Eltern eine wahnsinnig wichtige Rolle darin spielen, wie Menschen mit Autismus umgehen. Wenn wir wollen, dass alle Menschen so akzeptiert werden, wie sie sind, dann müssen wir mitmachen. Im Prinzip bedeutet es für uns, dieses »anders« in die Welt hinauszutragen, keine Angst zu zeigen und sich nicht dem sozialen Druck zu ergeben, das Kind normieren zu wollen. Und ich weiß, dass das leichter gesagt als getan ist. Nach zehn Jahren habe ich gerade einmal ein bisschen Übung darin.

In meinem Alltag bedeutet das, dass ich mich nicht nach anderen Menschen umsehe, wenn Alec seltsame Geräusche macht oder Bobby neben dem Kühlregal mit den Armen flattert.

Es bedeutet, meine Zwillinge vorzubereiten. Darauf werde ich noch zurückkommen. Es bedeutet, dass ich die Zeit im Auge behalte, uns aber nicht unter Druck setze. Bis vor Kurzem bedeutete das, pro Kind eine Person dabeizuhaben, für den Fall, dass ein Kind einfach in die eine und das andere in die entgegengesetzte Richtung losmarschiert. Mittlerweile ist Bobby sehr zuverlässig und wenn er wirklich einmal verschwindet, dann finde ich ihn für gewöhnlich bei den Videospielen.

Meine Kinder sind anders. Und das ist in Ordnung. Andere Menschen müssen sich daran gewöhnen. Bobby und Alec können nicht so tun, als hätten sie keinen Autismus. Sie haben Autismus und ironischerweise verschlimmern sich ihre Symptome, je mehr sie versuchen, normal zu sein.

Als meine Kinder noch jünger waren, hatte ich nicht so ein dickes Fell. Ich hatte regelmäßig den Wunsch, der Erdboden möge mich doch verschlucken, und es war schwer, diesen Wunsch wegzulächeln.

Ich erinnere mich noch, als ich meine Kleinkinder zu einer Musikstunde anmeldete, bei der die Kinder einfach rhythmische Instrumente spielen konnten. Beide mochten Musik, also dachte ich, dass das eine gute Idee sei.

Alle Kinder saßen im Kreis, auf dem Schoß ihrer Mütter, aber Alec hatte eine andere Idee. Er stand in der Mitte des Kreises in seiner gestreiften Latzhose, beugte sich nach vorne, sodass er durch die Beine schauen konnte, und spannte ein Tamburin zwischen seine Beine. Tatsächlich eine ziemlich witzige Idee, aber die Kursleiterin hatte das nicht geplant.

Oder Harrisons Geburtstagsfeier. Bobby konnte noch nicht sprechen, aber er hatte einen Freund im Kindergarten gefunden, was eigentlich zeigt, wie unwichtig es ist, ob man sprechen kann oder nicht.

Sein nichtautistischer Freund hieß Harrison. Harrison war nicht einmal ein Nerd, er war eigentlich ziemlich cool. Sie verstanden sich so gut, dass Harrison Bobby zu seinem vierten Geburtstag einlud.

»Oh Gott«, dache ich, »Müssen wir da hin?«

Ich wusste, was passieren würde. Bobby würde aus der Menge herausstechen und ich würde mich fragen, welches Symptom ich zuerst erklären sollte und wie, sodass es nicht so dramatisch wirkte. Man kann nicht einfach sagen: »Tut mir leid, er hat Autismus.« Auf diese Aussage kommen hunderte gut gemeinte Fragen, die man nicht so einfach beantworten kann.

Und dann steht man natürlich im Mittelpunkt. Es geht die ganze Zeit nur um Autismus. Anstatt wie alle anderen Eltern zu sein, ist man diejenige, die heraussticht und ihr Kind erklären muss. Und wissen Sie was? Manchmal hat man darauf keine Lust.

Ich war hin- und hergerissen. Die Vorstellung, meinen Sohn auf eine Party mitzunehmen, ein soziales Event, wenn er doch sozial beeinträchtigt war, war eigentlich richtig gut. Mein autistischer Sohn stellte sich gegen seine Diagnose. Von wegen beeinträchtigt!

Und ich dachte, dass ein wenig Übung in sozialer Interaktion nicht schaden könnte, dass es eigentlich gut wäre. Tatsächlich verbrachte ich die ersten Jahre der Grundschule damit, Bobbys Klasse immer wieder einzuladen und sie zu unterhalten, während Bobby … Nun ja, es ist nicht so, dass er ein schlechter Gastgeber wäre, er vergaß nur gerne, dass andere Menschen da waren.

Aber zurück zur Party. Hatte ich die Energie, das durchzustehen?

Bobby zog sich sein bestes Hemd an, kam zur Geburtstagsparty und fand einen Kreisel. Sofort war die ganze Welt unwichtig und er konzentrierte sich nur noch auf den Kreisel. Dann beschloss er, die Räume zu erkunden, in die er nicht gehen durfte. Sie können sich vorstellen, wie gut Stuhlkreisspiele funktionierten.

Wir haben nicht einmal versucht, bei der »stillen Post« mitzumachen.

Ich sah, dass Harrison verwirrt blickte, und wusste, was er dachte. Wie konnte Bobby, der sonst so lustig war, so entspannt im Kindergarten, über Nacht zu so einem seltsamen Kind werden?

Bobby war außerhalb seiner Komfortzone. Deshalb.

Wenn wir wieder zur Eisbecher-Analogie zurückkehren wollen: Weil sich Bobby in einer ungewohnten Situation befand, wurden sein Schokoladeneis (Kommunikationsprobleme) und sein Vanilleeis (soziale Interaktionen) doppelt so groß.

Das lag an seinem Erdbeereis, der fehlenden Anpassungsfähigkeit. Sein Gehirn konnte nicht genug abstrahieren, um zu sehen, dass diese ungewohnte Situation trotzdem Ähnlichkeit mit bereits bekannten Situationen hatte. Er war angespannt und diese Anspannung zeigte sich in wiederholendem Verhalten.

Ich erklärte einigen verständnisvollen Eltern, dass Bobby Autismus habe, und wir fuhren nach Hause. Bobby war glücklich, mein Stolz war angeknackst.

Und das passierte wieder und wieder und wieder.

Aber je öfter wir so etwas machten, desto einfacher wurde es. Mit sieben Jahren war Bobby oft genug auf Geburtstagspartys gewesen, um zu wissen, was er tun musste. Und ich werde es in diesem Buch so oft wiederholen, bis Sie es nicht mehr hören können: Alles, was sie nicht automatisch lernen, lernen sie durch Erfahrung.

Ich habe nie Einladungen abgelehnt. Ich war die Mutter, die noch dort blieb, als alle Eltern ihre Kinder schon abgegeben und sich in einer Bar getroffen hatten.

Ich lehnte Einladungen nie ab, weil ich nicht wollte, dass Bobby das Kind ist, das nie zum Kindergeburtstag geht.

Als Bobby sieben Jahre alt war, ging er auf die Party eines Freundes und ich schoss ein Foto, das nur eine Mutter mit einem autistischen Kind schießen kann.

Es ist verschwommen, aber es zeigt Kinder, die in einem Kreis sitzen, und Bobby sitzt auch in dem Kreis. *Bobby spielt stille Post!*

In diesem Moment war ich unglaublich stolz.

Er lernte durch Erfahrung, was andere Kinder von sich aus wussten. Durch seine Erfahrung weiß er jetzt, dass die meisten Dinge einem Muster folgen. Du gehst zu einer Party, du isst eine Menge Kuchen, du spielst Stille Post, du kommst mit einem kleinen Preis nach Hause, den du nicht willst, und gibst ihn Alec. Alle haben sich daran gewöhnt, dass Bobby Kopfhörer trägt, um sich vor dem Lärm zu schützen. Bobby lernte, sich anzupassen.

Und so wurde Bobbys Welt größer.

Ich begann, mir die folgende Frage zu stellen: Will ich die Situation vermeiden, weil sie Bobby unangenehm ist oder weil sie mir unangenehm ist?

Wenn die Situation Bobby unter Stress setzt, dann ist es in Ordnung, die Situation zu vermeiden. Wenn ich einfach nicht die Mutter sein wollte, deren Kind sich seltsam verhält, dann wusste ich, dass ich meinen Stolz Bobby zuliebe herunterschlucken musste. Je mehr ich soziale Situationen vermied, desto seltsamer würde Bobby werden.

Und nur, weil er viele Partyspiele nicht kannte, bedeutete das noch lange nicht, dass er nicht Spaß haben konnte.

Mit sechs Jahren hatte Alec viel Spaß bei einer Seelöwen-Show im Tierpark. Er sah die ganze Zeit gebannt auf den großen Deckenventilator und ignorierte den Seelöwen, der gerade einen Ball auf seiner Schnauze balancierte. Wenn Sie eine Eintrittskarte für etwas kaufen, dann wissen Sie nie, was Ihre Kinder daraus machen.

Irgendwann, als Bobby etwa neun Jahre alt war, ließ ich ihn auf einer Party allein mit einer Mutter, die Köpfchen hatte. Nach ein paar Stunden kam ich wieder, die Schultern hochgezogen, weil ich so angespannt war. Bobby ging es großartig.

Heutzutage kann ich Bobby ohne Probleme bei jemandem lassen, den ich gut kenne. Wenn er bei einem Freund ist, ist er meistens entspannt und sie spielen Videospiele.

Manchmal bin ich etwas zu entspannt und lasse die Zügel etwas zu locker. Als sich Bobby bei einer außerschulischen Aktivität mit einem Mädchen anfreundete und sie ihn einlud, beschloss ich, nichts über Autismus zu sagen und ihn einfach zu ihr zu bringen. Er war etwa elf Jahre alt. Ich dachte, sie würden im Haus bleiben und spielen. Was sollte schon schiefgehen?

Ihre Mutter nahm ihre Tochter, deren Geschwister und Bobby mit auf einen langen Spaziergang. Bobby geht nicht auf Spaziergänge. Er stolperte, ein kleiner Ring aus Glas, den er für seine neue Freundin trug, zerbrach.

Dann hatte er einen Meltdown.

Ihre Mutter hatte vorher noch nie so einen Meltdown erlebt und ich glaube fast, dass sie das auch nicht noch einmal erleben möchte.

Es war meine Schuld. Es ist ein großer Unterschied, der Mutter einer Freundin nicht das ganze Autismus-Handbuch zu geben oder ihr nicht genug Rüstzeug für den Umgang mit den Autismus-Symptomen zu geben. Dieses eine Mal war ich *zu* selbstbewusst, es wurde eine Grenze überschritten und Bobbys Freundin brauchte eine Weile, um sich von diesem Schock zu erholen. Sie brach für einige Zeit den Kontakt ab, ist aber noch immer freundlich zu ihm.

Und Alec?

Er hatte nie sonderlich viel Interesse für andere Kinder. Alec ging schon immer einen anderen Weg und unser Ziel war es, ihm zu helfen, neue Menschen zu tolerieren, was er sehr gut meisterte, und mit anderen Kindern zu spielen.

Er besuchte manchmal Geburtstagspartys mit seinem Zwillingsbruder, aber niemand tat so, als ginge es Alec nicht ausschließlich um den Kuchen.

Man konnte sich bei Alec immer darauf verlassen, dass er aß, in jeder sozialen Situation, egal wie weit er außerhalb seiner Komfortzone war. Wenn man seinen Teller nur immer wieder nachfüllte, hatte man gute Chancen, den Nachmittag ohne größere Probleme zu überstehen.

Einmal schaffte er es mit einer Familienpackung Gummibärchen durch eine ganze Hochzeit.

Es gab Zeiten, da machte ich mir unnötigen Stress, nur um mir selbst zu beweisen, dass wir ein normales Leben führten.

Dazu gehörte ein Weihnachtsmannbesuch im Einkaufszentrum, als die beiden zehn Jahre alt waren, obwohl Alec nicht wusste, wer oder was der Weihnachtsmann sein sollte. Seien wir ehrlich, das Konzept eines alten Mannes mit weißem Bart, der sich durch Kamine zwängt, um einem Geschenke zu bringen, ist auch an guten Tagen nicht leicht zu verdauen.

Bis dahin hatten wir den Weihnachtsmannbesuch immer vermieden. Sie hatten das Konzept nicht wirklich verstanden. Mit etwa zehn verstanden sie es (zumindest Bobby) und ich wollte, dass sie den dicken alten Mann sahen, bevor sie für diese Erfahrung zu alt waren. Alec war ohnehin schon etwa zwei Mal größer als andere Kinder seines Alters. Eine der Mütter in der Schlange fragte, ob ich ihn über Nacht in ein gedüngtes Hochbeet gesetzt hätte.

Wir waren mit Tori unterwegs und gingen zu dem riesigen Einkaufszentrum in Manchester, das Trafford Centre. Wir hofften auf einen schönen, angenehmen Tag.

Auch wenn Alec nicht weiß, wer der Weihnachtsmann ist, hat er dennoch viel Freude an all dem Glitzern und Glänzen, dass diese Jahreszeit mit sich bringt.

Jedes Jahr verbringe ich viel Zeit damit, unseren Weihnachtsbaum zu schmücken. Ich werde es wohl nie lernen. Alec verbringt nämlich genauso viel Zeit damit, die Kugeln einzeln vom Weihnachtsbaum zu stehlen. Schlussendlich sieht unser Weihnachtsbaum jedes Jahr aus, als hätte ich ihn blind, während eines Hagelsturms, dekoriert.

Letztes Jahr hängte ich ein paar transparente Kugeln auf, die ich mit kleinen Sternchen aus Glanzfolien gefüllt hatte. Wenig später sah ich Alec vor dem Fernseher, wie er die kleinen Sternchen aus seiner Hand aß, die offene Kugel neben ihm.

»Nein, Alec! Das ist nicht gut für dich! Davon bekommst du Bauchschmerzen!«, sagte ich, rieb meinen Magen und stöhnte.

Alec sah nicht so aus, als würden ihn Bauchschmerzen stören, obwohl die Sterne ihm nicht sonderlich zu schmecken schienen. Er ist so resistent wie ein Ochse, was auch gut ist, wenn ich an all die Dinge denke, die schon durch seinen Verdauungstrakt gewandert sind.

Schnee ist Alecs Lieblingssache auf dieser Welt. Er liebt Eis. Er liebt, wie es aussieht, sich anfühlt, und vor allem das Geräusch, das es macht, wenn man drauftritt. Er kann ein ganzes Glas Eiswürfel ohne Probleme zerkauen.

Schnee macht uns ein paar Probleme. Alec nimmt den Unterschied zwischen reinem Schnee, den man essen könnte, und Schnee mit Kieselsteinchen oder Streusalz nicht wahr.

Als wir den Weihnachtsmann in Manchester besuchten, musste er enttäuscht feststellen, dass der Schnee, mit dem das Einkaufszentrum dekoriert war, nicht echt war, und er aß ihn dennoch. Er machte auch ein paar aufgeregte Geräusche, die ein paar andere Kinder erschreckten.

Aber es gab nicht annähernd genug glänzende Dinge, um ihn beschäftigt zu halten.

In all meiner Unverfrorenheit hatte ich dennoch langsam das Gefühl, dass das eine schlechte Idee gewesen sein könnte.

Dann mussten wir uns einen Weihnachtszeichentrickfilm ansehen – die längsten zehn Minuten meines Lebens.

Diese Veranstalter wissen wirklich, wie man ein einfaches Event aufbläht. Manchmal kann man diese Dinge umgehen, es lohnt sich also, schon vorher zu fragen, ob man sich diesen sinnlosen Blödsinn antun muss. Vielleicht sollte man das aber anders formulieren.

Schließlich wurden wir schließlich durch einen langen Gang, der mit Vorhängen dekoriert war, zum Weihnachtsmann geführt. Neugierig wie immer sah Alec hinter einen der Vorhänge und brachte eine Elfe zum Schreien. Er hätte nicht wissen sollen, dass es mehr als einen Weihnachtsmann hier gab. Nicht, dass er das irgendwo hätte melden können. Es interessierte ihn eigentlich auch nicht. Ich fand das schockierte Gesicht der Elfe dennoch lustig. Es war, als hätte Alec durch diese kleine Handlung Weihnachten für immer ruiniert.

Wir kamen also zum Weihnachtsmann und ich erklärte ihm, dass die Zwillinge Autismus haben, sonst wäre er vielleicht verwundert gewesen, dass sie sich nur über Pokémon unterhalten wollten. Dann sollten sie für ein Foto stillstehen, aber Alec wollte nicht am richtigen Ort stehen bleiben.

»Bitte, verhaltet euch normal, nur ein einziges Mal«, dachte ich, »Tut mir bitte den Gefallen, lächelt kurz beide zur selben Zeit für ein Bild mit dem Weihnachtsmann. Ich will nur ein Bild, das ich einrahmen kann.«

Bobby gab sein kitschigstes Fotolächeln zum Besten – genau das, das ich ihm normalerweise verbiete. Beim dritten Versuch sah Alec irgendwie in Richtung Kamera. Der Weihnachtsmann gab sein Bestes.

Wir gingen mit Geschenken, die die beiden gar nicht haben wollten.

Die Ironie, die Sie mit autistischen Kindern erleben, ist die: Je mehr Sie sich wünschen, dass Ihre Kinder sich *normal* verhalten, das tun, was alle anderen auch tun, desto unwahrscheinlicher ist es.

Je angespannter Sie der Situation entgegengehen, desto eher werden auch Ihre Kinder nervös. Sie beeinflussen ihr Verhalten.

Autistische Kinder sind wie ein emotionaler Schwamm. Ich konnte das besonders bei Alec beobachten. Manchmal denke ich mir »Warum bist du so?« Und dann fällt mir auf, dass ich der Grund bin.

> *Die Ironie, die Sie mit autistischen Kindern erleben, ist die: Je mehr Sie sich wünschen, dass Ihre Kinder sich NORMAL verhalten, das tun, was alle anderen auch tun, desto unwahrscheinlicher ist es.*

Sie wollen, dass sich Ihre Kinder »normal« verhalten? Dann bringen Sie sie in eine Umgebung, in der sie akzeptiert werden, wo die Leute Autismus verstehen und wo sie nicht unter sozialem Druck stehen. Legen Sie die Füße hoch und sehen Sie zu, wie normal Ihre Kinder sein können.

Wollen Sie, dass Ihre Kinder so »autistisch« wie möglich sind? Setzen Sie sie unter Druck, seien Sie selbst angespannt und geben Sie ihnen eine Liste von Dingen, die sie nicht tun dürfen.

Ein erwachsenes Beispiel dafür ist Tim, der ebenfalls bei AuKids arbeitet. Wenn Sie Tim außerhalb eines Umfelds erleben, in dem er sich wohl fühlt, sehen Sie ihn nervös herumzupfen, er kann kaum eine Unterhaltung aufrechterhalten. Im AuKids-Büro, wo jeder Autismus akzeptiert und versteht, ist er ein anderer Mensch – ein gesprächiger, intelligenter, glücklicher und konzentrierter Mensch.

Ich stelle mir eine bessere Zukunft vor, in der jeder das Konzept von Neurodiversität akzeptiert. Aber dazu braucht es zwei Dinge: Eltern, die sich nicht davor fürchten oder sich schämen, wenn ihre Kinder anders sind, und Menschen, die Unterschiede wahrnehmen und akzeptieren.

Mittlerweile ist es Alecs persönliches Anliegen, dass Menschen Andersheit akzeptieren. Er geht regelmäßig mit seinem Vater in den Baumarkt. Er liebt die hohen Decken, die weiten Gänge und singt glücklich die Radiomusik mit, während Gavin nach einer bestimmten Schraube oder Mutter, einem Holzstück, einem Rohr oder einem Kabel Ausschau hält.

Alecs Geräusche sorgen oft dafür, dass Menschen zu ihm herübersehen. Und dann sehen sie, wie entspannt Gavin ist, dass er lächelt und Alec glücklich neben ihm herläuft. Sie sehen, dass das für uns normal ist, und kehren in ihren Alltag zurück.

Ich stelle mir eine bessere Zukunft vor, in der jeder das Konzept von Neurodiversität akzeptiert. Aber dazu braucht es zwei Dinge: Eltern, die sich nicht davor fürchten oder sich schämen, wenn ihre Kinder anders sind, und Menschen, die Unterschiede wahrnehmen und akzeptieren.

Sie hören richtig. Sie kehren in ihren Alltag zurück. Aufzublicken, weil sie ein ungewohntes Geräusch gehört haben, das sie nicht erwartet haben, hat sie sechs Sekunden gekostet. Es war nicht schlimm, es hat niemandem wehgetan.

Diese Blicke, die sich für Sie negativ anfühlen, sind ganz normal. Das menschliche Gehirn ist darauf programmiert, auf ungewohnte Geräusche zu reagieren, für den Fall, dass es sich um Gefahr handelt. Das bedeutet, dass sie aufsehen, wenn sie Alec hören. Und dann sehen sie wieder weg.

Ich möchte hier auch anmerken, dass es niemandem zusteht, das Verhalten eines Kindes zu kommentieren. Ich werde mein Leben nicht einschränken, nur, weil ein paar beschränkte Menschen glauben, dass ich das sollte.

Dafür steht zu viel auf dem Spiel. Wenn die Leute keine Menschen mit Autismus im öffentlichen Raum sehen, dann wird es eine Welt der Neurodiversität nie geben.

Wenn wir uns für unsere Kinder schämen und versuchen, sie an Orten, an denen es nicht wichtig ist, ruhig zu halten, dann setzen wir damit ein klares Zeichen für andere Menschen. Wir zeigen ihnen, dass Autismus inakzeptabel oder abnormal ist.

Und noch viel schlimmer: Wir setzen dieses Zeichen auch unseren Kindern gegenüber.

Wenn ich darüber nachdenke, was in Ordnung ist und was nicht, was ich meinen Kindern mitgeben möchte, dann ist es das: Es ist nicht okay, jemanden zu verletzen, etwas kaputt zu machen oder zu stehlen. Aber wenn sie ein wenig unruhig oder laut sind, dann denke ich mir: »Na und?«

Gavin ist darin besser als ich. Er denkt nicht nur: »Na und?«, er freut sich über die Reaktionen, die Alec hervorruft. Er mag es, Menschen aus ihren Komfortzonen herauszuholen.

Ich bin mir sicher, dass unser entspanntes Verhalten in der Öffentlichkeit einen großen Effekt darauf hatte, wie meine Kinder sich selbst wahrnehmen.

Unser Freund Tim wuchs etwa zur selben Zeit auf wie ich. In einer Zeit, in der man noch nicht viel über Autismus wusste. Aber seine Mutter schien etwas instinktiv zu verstehen: Wenn sie wollte, dass ihr Sohn ein eigenes Leben hat, dann musste sie ihn am Leben teilhaben lassen.

Und das tat er auch und landete schließlich bei uns. Tim wurde von Anfang an beigebracht, dass Autismus ihn nicht aufhalten soll, ihm nicht im Weg steht und er sich nicht dafür schämen soll.

Tim lebt jetzt ein erfülltes und glückliches Leben, er spricht auch öffentlich über Autismus. Er wurde der Autismus-Fürsprecher unseres Magazins.

Der Mut seiner Mutter und ihre glückselige Gleichgültigkeit gegenüber einer intoleranten Außenwelt führten dazu, dass Tim heute andere Menschen über Autismus aufklärt, dass er ihnen erklärt, wie es ist, in seiner Welt zu leben, und sie zu mehr Akzeptanz führt.

Und ich versuche dasselbe. Ich bin es mittlerweile gewöhnt, dass wir in der Öffentlichkeit ein wenig anders sind. Gestern hat Bobby mich beim Einkaufen begleitet, sein Pikachu unter dem Arm. Hin und wieder ging er gedankenverloren auf und ab, sein kleines Ritual. Er begrüßte ein paar Menschen, obwohl er sie, zumindest nach sozialen Standards, ignorieren sollte. Das war für sie in Ordnung, aber ich erklärte ihm nachher, warum das keine gute Idee ist.

Wir sprechen nicht mit Fremden. Nichtautistische Menschen sind nicht so freundlich (das habe ich ihm nicht so gesagt, aber ich habe es gedacht).

Ich habe über die Jahre gelernt, dass ich die Andersheit unserer Zwillinge viel stärker wahrnehme als andere und dass sie uns gar nicht komisch ansehen.

Und wenn es jemand tut, dann sollte er sich ein Hobby suchen.

6 Aut-Sprech lernen
Echolalie verstehen

Als Bobby zehn Jahre alt ist: »Bobby, deine Friseurin hat gerade angerufen. Sie hat ein Mario-Kart-DS-Spiel gefunden. Ist das deines? Ist das nicht nett von ihr? Du solltest besser auf deine Sachen aufpassen!«

»Oh MANN, ich bin in GROSSEN SCHWIERIGKEITEN, JUNGER MANN!«

Wenn es um Kommunikation geht, sprechen wir zwei Sprachen bei uns zu Hause: Englisch und »Aut-Sprech«.

Also eigentlich sprechen wir Englisch und verstehen Aut-Sprech. Der große Unterschied zwischen anderen Sprachen und Aut-Sprech ist, dass andere Sprachen ein bisschen wie ein Ballspiel sind – hin und her. Bei Aut-Sprech muss man sich den Ball manchmal schnappen und behalten.

Für Bobby ist es schwer, Sprache zu verarbeiten. Unsere Sprache ist für ihn wahnsinnig schnell und voller neuer Ideen, Tonarten, Nuancen und Formen.

Obwohl er mittlerweile sprechen kann (er konnte erst spät sprechen, mit etwa vier Jahren) und obwohl er wahnsinnig intelligent ist, ist es für ihn schwer, Sprache in normaler Geschwindigkeit zu verstehen. Es ist ein wenig so, wie Beethovens Achte zu spielen, wenn man gerade erst Jingle Bells gelernt hat.

Es strengt ihn sehr an.

Bobby macht dasselbe, was auch viele andere im Autismus-Spektrum machen, um zu fliehen, sich zu beruhigen und zu entspannen: Er beschäftigt sich selbst mit Aut-Sprech.

Das ist Bobbys innere Sprache, die er nach außen trägt, sodass andere sie hören können. Ein Gespräch mit sich selbst zu führen ist sozial vielleicht nicht gerade üblich, aber es erspart einem die Anstrengung einer Unterhaltung, die in zwei Richtungen verläuft.

Unser Kind klingt also seltsam für die Außenwelt und es wird das nicht ändern, weil es ihn nicht interessiert. Ich habe mich daran gewöhnt, aber ich habe ihn auch auf seine Lautstärke aufmerksam gemacht. Wir haben dafür eine Skala von 1 bis 5. Lautstärke 1 ist Flüstern und Lautstärke 5 ist, so laut zu schreien, wie man nur kann.

Bei Veranstaltungen seiner Grundschule erinnerte man Bobby daran, Lautstärke 1 zu verwenden, und ich gab ihm ein Bild von einer Maus mit, damit er daran dachte, so leise wie eine Maus zu sein. All das machte aber keinen Unterschied, wenn sein Klassenlehrer eine rhetorische Frage stellte. Bobby beantwortete diese immer in voller Lautstärke.

Das Großartige an seiner Schule war, dass es niemanden störte. Tatsächlich mochten sie es sogar.

Ein präzises Bewertungssystem wie eine Lautstärkenskala wirkt bei autistischen Kindern Wunder. Sie müssen nicht vage soziale Umgangsformen interpretieren und es hilft ihnen, alle möglichen Dinge zu verstehen, weil es ihnen einfache Faustregeln gibt.

Wenn »Aut-Sprech« aus immer wiederkehrenden Monologen oder wiederholten Phrasen besteht, nennt man das Echolalie.

Ich stelle mir Echolalie als eine Art Unterhaltung für autistische Menschen vor, aber es kann sie auch ungemein beruhigen.

Wenn Sie finden, dass sich das seltsam anhört, dann fragen Sie sich einmal, wie Sie klingen würden, wenn Sie sich von einem Hochhaus abseilen müssten.

Ich würde mich nicht wundern, wenn Sie, während Sie auf den Rand des Daches zuschreiten, Ihre Finger fest am Seil und Ihre Knöchel weiß, immer wieder zu sich sagen würden: »Alles ist gut, alles ist gut, alles ist gut, alles ist gut, alles ist gut.«

Wir wiederholen Sachen, wenn wir unter Stress stehen. Für autistische Menschen kann der normale Alltag wie das Abseilen von einem Hochhaus sein. Für sie ist alles unerwartet, ihre Gehirne sind nicht dafür gemacht, mit Unsicherheiten umzugehen.

In einer unsicheren Welt, in der es einem schwerfällt, Gespräche zu verarbeiten, und sogar kleine Veränderungen der Umwelt wie ein Angriff wirken, ist dieses interne Geplauder, »Aut-Sprech«, ein großartiger, wichtiger Mechanismus.

Wir nennen es lieber »Aut-Sprech« als Echolalie, und zwar aus zwei Gründen. Erstens hasse ich Fachsprache, wenn es um echte, liebenswerte Menschen geht. Zweitens impliziert Echolalie (zumindest für mich), dass die Sprache nur eine Art verbales Echo ist und keine Bedeutung hat.

Wenn Bobby so spricht, dann erlebt er dabei persönliche Höhepunkte. Er gestaltet sich seine eigene, imaginäre Landschaft durch diese Wiederholung.

Kommentare über ein Super-Mario-Spiel, YouTube-Videos, die ihm gefallen haben, Ausschnitte aus Filmen oder Fernsehserien … er hat all das in seinem Gedächtnis gespeichert, um es bei Bedarf hervorzuholen. Er benutzt Echolalie, wenn er unsicher ist, wenn er nervös ist, wenn ihm langweilig ist, und auch, wenn er einfach möchte. »Abgeschiedenheit ist für die Fantasie genauso notwendig wie gute Gesellschaft für den Charakter.« James Russel Lowell, ein amerikanischer Dichter des späten 19. Jahrhunderts, hatte durchaus recht damit.

Sein unglaubliches Gedächtnis ist zum Teil seiner Fähigkeit geschuldet, Dinge viel häufiger anzuhören, als nichtautistische Menschen das tolerieren könnten. Keine Langeweile zu empfinden, egal, wie oft man etwas schon gehört hat, kann gut sein. Durch sein Gedächtnis hat er quasi ein Regal voller DVDs in seinem Kopf.

Diese Wiederholung dient aber nicht nur der Beruhigung. Ich habe Bobby schon oft mitten im Gespräch erlebt und wenn ich ehrlich sein soll, leistet er sich selbst gute Gesellschaft. Er unterhält sich gut mit sich selbst.

Eltern sind oft über die Echolalie ihrer Kinder besorgt, weil es sich für uns nicht wie wirkliche Sprache anhört.

Ich persönlich mache mir keine Sorgen. Ich habe gesehen, wie sehr es Bobbys sprachlicher Fähigkeit bei der Entwicklung geholfen hat, wie gut er dadurch in der Lage ist, seine Gefühle auszudrücken, und ich glaube, es ist ein guter Bewältigungsmechanismus.

Als er jünger war, verwendete Bobby eine Art »Ausschneiden-Einfügen-Version« der Echolalie, um seinen Eindrücken Ausdruck zu verschaffen.

Wenn er gestresst war, rief er manchmal: *»Ich bin verloren! Andy ist weg!«* Sie haben das vielleicht schon einmal gehört, es ist ein Zitat aus *Toy Story*, als Woody und Buzz an einer Tankstelle zurückgelassen werden.

Diese gebrauchsfertigen Dialoge waren Sprache, deren Bobby sich schnell bedienen konnte, wenn seine Gefühle ihn überwältigten. Weil er sich nicht so ausdrücken kann wie andere Menschen, litt er unter seinen Gefühlen noch mehr, was das Sprechen nicht gerade vereinfachte.

Es ist vielleicht nicht das, was man normalerweise in so einer Situation sagen würde, aber es wirkte.

Manchmal wechselt Bobby bis heute mitten in einem Gespräch von Englisch zu Aut-Sprech.

Neulich sagte ich etwas, mit dem Bobby nicht einverstanden war, und er antwortete: »Du machst mich nervös und ich habe jetzt die Kraft, dich mit Blitz und Donner zu vernichten!«

Ich war nicht beleidigt oder wütend. Ich weiß, dass er es aus einem Super-Mario-Spiel ausgeschnitten und hier eingefügt hat. Oder zumindest hoffe ich es.

Wenn Sie hören, was Ihr Kind hört, und sehen, was Ihr Kind sieht, dann merken Sie, dass es nicht einfach nur Blödsinn vor sich hin spricht, sondern sich sprachliche Ausdrücke ausleiht.

Wenn er nicht gestresst ist, sind diese Gesprächsausschnitte in Gesprächen mit ihm kaum merkbar. Man bemerkt es nur dann, wenn man ihn gut kennt (und auch seine Lieblings-YouTuber).

Wenn Sie hören, was Ihr Kind hört, und sehen, was Ihr Kind sieht, dann merken Sie, dass es nicht einfach nur Blödsinn vor sich hin spricht, sondern sich sprachliche Ausdrücke ausleiht.

Aut-Sprech erfüllt viele Zwecke. Es beruhigt, entspannt, hilft dabei, Sprache besser zu verstehen und sich auszudrücken.

Und es ist ein tolles Unterhaltungssystem. Wenn Sie autistisch sind, haben Sie das Glück, dass Sie gewisse Dinge immer wieder unterhaltsam, spannend oder lustig finden können.

Das ist toll.

Und bevor Sie jemanden einsam nennen, versuchen Sie sich das bunte, aufregende Innenleben dieser Person vorzustellen.

Bobby liebt Gesellschaft, aber seine eigene schätzt er am meisten.

7 Spezialisierung macht zum Spezialisten

Der Wert ungewöhnlicher Interessen

Ich habe eine großartige Methode gefunden, Telefonverkäufer abzuwimmeln: Ich lasse Bobby abheben und sage ihm, er darf so viel über Erdmännchen reden, wie er möchte.

»Wir behaupten oft, Luxus und Bequemlichkeit gehörten zum Leben. Aber genügt nicht zum wirklichen Glück meist nur ein Gegenstand, der uns leidenschaftlich beschäftigt?«

Charles Kingsley

Aut-Sprech sticht am meisten hervor, wenn Menschen immer wieder über das Gleiche sprechen.

Diese begeisterte Leidenschaft wird von Nicht-Autisten manchmal Obsession oder Besessenheit genannt – noch so ein verurteilender Begriff, den wir nicht bräuchten, wenn wir in einer neurodiversen Welt lebten.

Manche Menschen nennen es »spezielle Interessen«. Ich nenne es einfach Interessen.

Wenn sie über ihr Lieblingsthema sprechen, dann kann es schon passieren, dass Ihre autistischen Kinder es nicht merken, wenn Sie vorübergehend durch einen Goldfisch ersetzt wurden.

Wieso bekommen sie das nicht mit? Der Teil des Gehirns, der mit der Verarbeitung von optischen Reizen beschäftigt ist, kommuniziert nicht wirklich mit der sozial-emotionalen Seite des Gehirns. Wenn Sie mehr darüber wissen wollen, dann empfehle ich Ihnen das Buch *Autismus als Kontextblindheit* von Peter Vermeulen.

Ich nenne es Punkte verknüpfen. Ihre Kinder registrieren vielleicht Ihr gelangweiltes Gesicht, aber sie verstehen nicht, dass Ihre Langeweile daran liegt, dass Sie eine Eckdatenpräsentation über Batterien bekommen, wenn Sie das eigentlich gerade nicht wollten.

Der Zustand, der am nächsten an den Begeisterungszustand von Autisten herankommt, ist, wenn ich ein Lied auf einem neuen Album großartig finde.

Ich weiß, dass ich mir das ganze Album, von Anfang bis Ende, anhören sollte, aber ich gehe immer zu Lied 8. Jeden Tag habe ich es im Ohr. Manchmal liebe ich das, manchmal stört mich diese Art Sucht, aus der ich keinen Ausweg sehe. Musik ist einer der wenigen Bereiche in meinem Leben, der die Möglichkeit hat, meine Gedanken gefangen zu halten.

Dasselbe passiert mit Alec und Bobby, wenn sie etwas mögen. Der große Unterschied ist, dass ich das Lied in meinem Kopf behalten kann, Bobby seine Worte aber nicht. Er ist quasi dazu gezwungen, sie auszusprechen, und es ist ihm in diesem Moment egal, wie das für andere Menschen aussieht oder klingt.

Diese Art der Leidenschaft ist etwas Wunderbares. Aber soziale Gepflogenheiten müssen gelernt werden und unsere Kinder lernen Schritt für Schritt, dass es eine Zeit und einen Ort dafür, um über Pokémon oder GoAnimate-Videos (das aktuelle Interesse) zu sprechen.

Um Bobby ein Gefühl dafür zu geben, wann er zu enthusiastisch ist, haben wir das Konzept der Hör-Geduld entwickelt.

Ich erklärte ihm, dass jeder Mensch für etwa zwei Minuten Hör-Geduld hat. Das ist die Zeit, in der Menschen zuhören können, ohne sich selbst in das Gespräch einzubringen, bevor sie gelangweilt werden.

Das ist natürlich ein wenig überzogen und passt auch nicht auf alle Situationen gleichermaßen, aber in Bobbys Fall hilft es, ihm das Konzept des gegenseitigen Dialogs zu erklären.

Man kann Autisten gegenüber ziemlich direkt sein, ohne dass sie beleidigt sind. Eine kleine Erinnerung an Hör-Geduld wirkt Wunder.

Und eines Tages, Bobby hatte etwas angestellt, schimpfte ich mit ihm und er sagte: »Ich habe keine Hör-Geduld mehr.«

Touché.

Weil wir ihm Hör-Geduld erklärten, begann sein Aut-Sprech zu einem wirklichen Dialog zu werden. Er kann jetzt mit anderen Personen über seine Interessen sprechen. Meistens spricht er mit seinen autistischen Freunden, die oftmals ähnliche Interessen haben und damit auch bessere Gesprächspartner sind. Es stellt sich nämlich heraus, dass es keinen Spaß macht, mit jemandem über seine Interessen zu sprechen, der die ganze Zeit blöde Fragen stellt.

Manche Bücher schlagen vor, dass man eine Art Termin festsetzt, zu dem Ihre Kinder über ihre Interessen sprechen können. Ich bin damit nicht so glücklich. Sie konstruieren damit eine künstliche Gesprächssituation. Wenn Ihre Kinder über ihre Interessen sprechen wollen, dann ist das absolut in Ordnung, aber sie müssen lernen, wie diese Informationen ankommen und wie sie es einem leichter machen können, wirklich zuzuhören. Interessen bieten großartige Möglichkeiten, Gespräche und Dialoge zu üben – verpassen Sie diese Chance nicht!

Die Ironie ist, dass Sie jahrelang hoffen – nein, beten! –, dass Ihr Kind anfängt, zu sprechen. Dann spricht es. Und dann spricht es über etwas, das es mag, im Detail und sehr ausführlich. Und zwar jeden Tag. Stundenlang.

Nachdem Sie sich gewünscht haben, dass das Kind anfängt zu sprechen, gibt es nun Momente, in denen Sie sich leidenschaftlich wünschen, es würde auch mal eine Pause machen.

Ich glaube nicht, dass ich hier gemein bin. Es ist einfach so, wenn man mit jemandem zusammenlebt, dessen geistige Wanderwege immer wieder zum selben Gipfel führen. Sie können Ihre Kinder lieben und gleichzeitig genervt von Pokémons sein. Sie leugnen nicht die Liebe zu ihrem Kind, wenn Sie das zugeben.

Autistische Menschen lehren uns aber etwas Wichtiges. In unserer Gesellschaft sind Leidenschaften nicht sehr ausgeprägt – außer es geht um das Leben anderer. Wenn Sie sich ansehen, welche Magazine verkauft werden, sehen Sie, wie fasziniert wir vom Leben anderer Menschen sind.

Manchmal macht dieses Interesse für Fakten, Statistiken und Wissen autistische Menschen zu unheimlich interessanten Menschen. Zumindest solange sie das Prinzip der Hör-Geduld beachten und verstehen, dass andere Menschen eine kürzere Aufmerksamkeitsspanne haben als sie.

Interessen machen Ihre Kinder zu Spezialisten. Diese Konzentration auf ein Thema führt zu Innovation.

Einen Vortrag von Ros Blackburn, einer Autistin, werde ich wohl nie vergessen. Sie sagte: »Nicht-Autisten haben auch ihre Obsessionen – das Leben anderer Menschen.«

Ich finde es schade, dass Menschen, die sich für bestimmte Dinge interessieren, oft als seltsam angesehen werden oder als »Nerds«.

Und wenn ein solcher Mensch schließlich viel erreicht hat, eben weil er diese Interessen hat, dann vergessen wir gerne, dass wir ihn »Nerd« geschimpft haben, und verfilmen seine Biographie mit Russel Crowe in der Hauptrolle.

Interessen machen Ihre Kinder zu Spezialisten. Diese Konzentration auf ein Thema führt zu Innovation.

»Man sagt, ich sei ein Genie. Alles Genie, das ich habe, liegt darin: Wenn ich etwas im Kopf habe, dann studiere ich es ausführlich. Tag und Nacht habe ich es vor Augen. Meine Gedanken sind davon erfüllt … diese Mühen, die ich auf mich genommen habe, nennen die Menschen Genie. Es ist das Ergebnis von Arbeit und Denken.«

Alexander Hamilton

Diese Fähigkeit, sich auf etwas so zu konzentrieren, ist bewundernswert. Und obwohl sie nicht nur bei Autisten vorkommt, ist sie doch eine der positivsten Effekte.

Selbstvertrauen (weil die eigenen Interessen wertgeschätzt werden) und inneres Glück (weil man durch diese Interessen in sich kehren kann) geben Ihren Kindern das, was sie brauchen, um sich auf diese merkwürdige, nichtautistische Welt einzulassen.

Schätzen Sie also diese Seite Ihres Kindes. Das ist viel besser für Ihr Kind, als immer wieder über die sozialen Schnürsenkel zu stolpern und zu verbergen, wer es wirklich ist.

Das bedeutet aber nicht, dass diese Interessen nicht manchmal unangebracht sind. Und hier ist es wichtig, Ihre Kinder soziale Fähigkeiten zu lehren und mit ihnen zu üben.

Selbstvertrauen und inneres Glück geben Ihren Kindern das, was sie brauchen, um sich auf diese merkwürdige, nichtautistische Welt einzulassen.

Als Eltern setzen wir uns nicht mit unseren Kindern hin und üben soziales Verhalten mit ihnen, während wir zu Abend essen. Wir üben überall mit ihnen.

Im Stau, zum Beispiel.

Es ist Viertel nach drei am Nachmittag, ich hole die Kinder von der Schule und Bobby beginnt in der Sekunde, in der er im Auto sitzt, zu sprechen.

»Wie war dein Tag?«, fragt er. Er hat gelernt, dass man diese Frage stellt. Ich finde es großartig, dass er das macht.

»Gut, danke. Wie war dein Tag?«

»Mein Tag war toll!«, ruft er.

Mit so viel sozialer Interaktion, Lärm, Veränderung und Herausforderung ist die Schule sicher nicht entspannend für einen Autisten. Das zu überstehen ist tatsächlich *toll*.

Aber wir sprechen nicht über die Schule. Wir sprechen über die neuesten Nachrichten über Pokémon.

»Das Pokémon-Diamant-Update kommt in zwei Tagen, wusstest du das schon, Mama?«

»Das ist aber spannend«, sage ich. Natürlich weiß ich das schon, er hat es mir vor zwei Wochen das erste Mal gesagt, dann wieder letzte Woche und seitdem jeden Tag.

Ich finde es trotzdem schön, dass er mich fragt, ob ich das schon weiß. Was früher ein Monolog war, ist jetzt eine Unterhaltung.

Bobby hat gelernt, dass er Fragen stellen muss. Solange er sich daran erinnert, dass ich ein Zuhörer bin, hat er seinen Teil der Unterhaltung erfüllt.

Während Bobby sich auf Pokémon Go einloggt, lenke ich das Fahrzeug durch eine Riesenmenge von Schülern, die keine Verkehrsregeln zu beherrschen scheint. Oder vielleicht beherrschen sie sie, aber sie verhalten sich nicht danach. Sie schlendern gemütlich zwischen den Autos herum, die bereits genügend Probleme damit haben, durch die engen Gassen zu kommen.

Wenn ich Glück habe, trägt ein Schülerlotse zu dem Chaos bei. Einige Testosteron-gesteuerte Jungen zeigen einander mit ihren Fahrrädern Tricks. Obwohl ich diese Tricks bewundere (Bobby und Alec könnten das nicht), muss ich mich sehr darauf konzentrieren, die Jungs nicht zu überfahren.

»Mama! Mama! Hast du schon von der zweiten Generation von Pokémon gehört?«

»Bobby, erinnerst du dich an gute und schlechte Zeiten? Jetzt gerade ist kein guter Zeitpunkt.«

Wie ich vorhin schon erwähnt habe, haben wir soziale Situationen geübt und aufgebaut wie Lego®. Wir haben jede Situation auseinandergenommen und mit einer genauen Erklärung wieder zusammengebaut, um ein Verständnis für richtiges Verhalten in einer sozialen Situation zu vermitteln. In diesem Fall ist »der beste Zeitpunkt, eine Frage zu stellen« eine soziale Situation, eine »soziale Erzählung«, wie ich sie nenne, die ich mit Bobby besprochen hatte, nachdem klar war, dass er Signale, die zeigen, dass jemand beschäftigt ist, nicht verstand.

Soziale Erzählungen sind wie kleine Handbücher, die man für sein Kind aufbereitet, um Lücken in seinem sozialen Verständnis zu füllen, sodass es sich in solchen Situationen zurechtfinden kann. Ich möchte Ihnen später mehr darüber erzählen.

»Ach ja, tut mir leid!«

»Das ist schon in Ordnung, Bobby. Sobald wir nicht mehr auf dem Schulgelände sind, ist weniger Verkehr. Dann kann ich dir viel besser zuhören.«

Ich habe gelernt, genau zu erklären, was ich denke. Lego®-Stein für Lego®-Stein.

Wir stehen vor der Ampel, an der die müden Lehrer versuchen, die Schüler in die Busse zu bringen. Und schon sind wir auf dem Weg zu Alecs Schule. Und ich ändere meine Sprache von »Aut-Sprech« zu »Alecisch«.

8 Kommunikation passiert, während Sie auf Sprache warten

Ein nonverbales Kind erziehen

Als ich Bobby eine Geschichte vorlas, er war etwa neun Jahre alt, meinte ich, dass ein Pferd, das sprechen könne, schon verdammt klug sein müsse. Bobby antwortete: »Ja, das Pferd ist so verdammt.«

Ich schaue durch die verglaste Tür in die Schule hinein und winke Alec zu. Er sieht mich normalerweise nicht, aber er hat eine Art sechsten Sinn dafür, wann ich ihn abholen komme.

Ein schiefes Grinsen (ein Überbleibsel seines Unfalls) überkommt sein Gesicht und er hopst zu mir. Alec musste das Gehen wieder lernen und sein Gang ist schwankend. Dafür ist er aber erstaunlich wendig.

Sobald er vor mir steht, küsst er mich mehrmals auf die Wange (das Saugen haben wir ihm schon abgewöhnt) und obwohl ich mich darüber freue, ihn zu sehen, muss ich seine Finger aus meinem Nacken lösen – Sozialtraining findet tagtäglich rund um die Uhr statt.

Alec ist mittlerweile so groß wie ich und seine Umarmungen haben etwas von einem Überfall. Es ist natürlich nett gemeint. Ich beginne sofort, » Alecisch« zu sprechen.

»Ruhig, Alec. Sei sanft!«

Sanft ist etwas für Idioten. Er stößt einen kleinen Freudenschrei aus und läuft zum Auto. Rufen Sie sich R2-D2 in Erinnerung. Alecs Sprechweise ist dem ziemlich ähnlich, wenn man noch ein paar tarzanähnliche Schreie einbaut. Die Worte sind in seinem Kopf, aber sein Gehirn mischt sie durch, bevor er sie aussprechen kann. Bobby meinte einmal: »Alecs Sprache ist kaputt. Deshalb kann er sie nicht benutzen.«

Ich bin mir ziemlich sicher, dass ich genau weiß, was Alec denkt. Ich sehe es durch Zeichen, Bilder, Gesten, Bewegungen, Blicke und viele andere Signale. Ich weiß, was er denkt, aber ich weiß nicht, was er wahrnimmt.

Ich weiß, dass es ganz anders ist als das, was ich wahrnehme. Und das nagt an mir. Es ist, als hätte er ein geheimes Tagebuch mit Vorhängeschloss.

Ich will das Radio einschalten, aber Alec deutet von hinten auf mich. Das bedeutet: »Schalte es aus! Das lenkt mich ab.« Er bedeutet mir, wie sensibel sein Gehör ist. Obwohl ich nicht weiß, was er wahrnimmt, kann ich auf sein Verhalten achten und errate es meistens.

Ich schalte es also ab. Es passt sowieso nicht zur Melodie von Bobbys Pokémon-Go-Spiel.

Alec ist auf dem Rücksitz damit beschäftigt, seine kabellosen Kopfhörer zum Funktionieren zu bringen. Weil er die Stecker seiner letzten drei Kopfhörer abgerissen hat, haben wir ihm Bluetooth-Kopfhörer gekauft. Zum einen, weil sie keine Kabel haben, zum anderen, weil wir nicht mehr alles wiederholt hören wollen. Alec liebt eine Zeile des Liedes »Don't Look Back in Anger«, die er sich dann 40 Mal anhört.

Das ist Alecs Form der Echolalie. Obwohl er nicht immer wieder dasselbe sagen kann, wissen wir, dass sich seine Gedanken wiederholen, weil er immer wieder dasselbe hört.

Er sieht sich kleine Teile von Videos immer wieder an. Es ist, als könnte er nicht das gesamte Video auf einmal verarbeiten.

Diese Art und Weise, neue Informationen zu verarbeiten, sehen wir auch bei Bobby. Er würde ein neues T-Shirt nicht einfach tragen, er gewöhnt sich zuerst daran, indem er es in seinen Schrank hängt. Wenn ihm jemand etwas Tolles schenkt, dann wirkt er zunächst desinteressiert (und seine Verwandten versuchen, nicht allzu traurig zu sein).

Es ist nicht so, dass er es nicht mag. Er braucht nur Zeit, um sich daran zu gewöhnen, die neue Information in seinen Datenspeicher aufzunehmen.

Alec hat die Bluetooth-Kopfhörer noch nicht zum Funktionieren gebracht, als wir auf die Buckingham Road kommen, und ich beginne, die Zähne zusammenzubeißen.

Ich stehe genauso auf Oasis wie jeder andere auch, aber wenn ich »So Sally can wait …« fünf Mal hören muss, dann denke ich: »Nein, sie kann nicht warten. Sie sollte sich besser mal beeilen.«

Ein nonverbales Kind zu erziehen ist harte Arbeit. Lassen Sie sich von niemandem etwas anderes erzählen. Sie haben nicht nur all die Verantwortungen und Ziele normaler Eltern, sondern noch eine Zusatzschicht. Sie müssen dafür sorgen, dass Ihr Kind eine Möglichkeit hat, zu kommunizieren.

Und wenn Sie das wollen, dann müssen Sie zuerst eine sehr wichtige Sache über Autismus verstehen: Ihr Kind wird vielleicht nicht verstehen, warum es überhaupt kommunizieren muss. Es versteht nicht, dass seine Gedanken von denen anderer Menschen abweichen.

Als ich das begriff, veränderte sich meine Sicht auf Bobby und Alec. Ich hatte angenommen, dass sie nicht sprechen, weil sie physische Schwierigkeiten hatten. Ich wusste nicht, wofür Sprachtherapie gut war, aber ich dachte, dass es darum ging, durch Magie, die ich nicht beherrsche, Worte aus ihnen herauszuzaubern.

Ich wusste nicht, dass es bei der Sprachtherapie für autistische Kinder darum ging, ihnen verständlich zu machen, dass Sprache *etwas bringt*.

Und wissen Sie was? Sobald Sie gelernt haben, Ihre Kinder zum Sprechen zu motivieren, und die Sprache ausbauen, können Sie selbst weiterarbeiten.

Ich hatte das große Glück, die Sprachtherapeutin Tori Houghton sechs Monate nach der Diagnose meiner Kinder kennenzulernen.

Tori arbeitete damals an einer Studie der Manchester University namens PACT (Pre-school Autism Communication Trial, also ein Versuch über Kommunikation bei autistischen Kindern). Sie wandte die PACT-Therapie bei unseren Kindern an, obwohl wir nicht Teil der Studie waren.

PACT nutzt eine Vielzahl sprachtherapeutischer Methoden, um die Kommunikation zwischen Eltern und Kindern zu stärken. Der große Unterschied zu anderen Methoden ist aber, dass PACT Eltern das genaue Hinschauen beibringt und ihnen zeigt, welche Erfolge sie bei ihren Kindern erzielen. Dafür werden Videos und Gespräche mit den Therapeuten eingesetzt.

Das sieht zum Beispiel so aus, dass jemand zehn Minuten dabei gefilmt wird, wie er mit seinem Kind spielt. Dann sehen Mutter bzw. Vater und Therapeut das Video gemeinsam an. Der Therapeut ermutigt die Eltern, positive Interaktionen, schöne Momente und Kommunikationssignale wahrzunehmen.

Das Fundament dieser Methode ist, den Eltern Schlüsselmomente der Kommunikation mit ihren Kindern aufzuzeigen, damit sie diese in Zukunft ausbauen können. Was die Eltern lernen, können sie gleich zu Hause anwenden.

Durch diese Methode wurden Eltern zu Kommunikationsexperten, wenn es um ihre Kinder ging. Nicht nur die Kommunikation zwischen Eltern und Kindern wurde verbessert, sondern die Eltern kamen ihren Kindern auch näher, weil sie das Selbstvertrauen entwickelten, die Signale ihrer Kinder lesen zu können.

Mir gefiel dieser Gedanke, dass man Kinder nicht behandelte, sondern Eltern befähigte, ihre Kommunikation zu verstehen.

Tori und ich hatten dieselbe Begeisterung für diese Methode und daraus erwuchs später auch AuKids. Unsere Grundidee war es, Eltern zu Experten für ihre eigenen Kinder zu machen, statt auf die Einheitslösung eines Experten hören zu müssen.

Das beeindruckendste Resultat war, dass die Eltern, die an dieser Studie teilnahmen, besser auf ihre Kinder eingehen konnten und in engerer Verbindung zu ihnen standen, da sie besser mit ihnen interagieren konnten.

Und noch beeindruckender waren die Resultate der Studie, die diese Familien nach sechs Jahren wieder beobachtete. So eine Studie war noch nicht durchgeführt worden und erstmals konnte gezeigt werden, wie sehr diese frühe Sprachtherapie sich im Zusammenleben langfristig auswirkt.

Ich brauchte keine zweite Studie, um von PACT überzeugt zu sein. Mir die Mittel zu geben, die ich für das alltägliche Leben brauchte, erschien mir einfach logisch. Ich wollte nicht hilflos sein, nicht wütend angesichts dessen, was ich nicht verstehen konnte. Ich wollte mich nicht darüber beschweren, mein Kind habe zu wenig Sprachtherapie bekommen. Ich wollte selbst lernen, wie ich mit Alec interagieren konnte, und dieses Wissen an andere weitergeben können, die mit ihm zusammenarbeiteten.

Und ich sah die Resultate. Durch diese Therapie lernte ich, erfolgreich mit Bobby und Alec zu kommunizieren.

Bevor ich Tori kannte, war es schwer für mich, mit Alec zu spielen. Er schien mich komplett zu ignorieren. Obwohl ich versuchte, mit ihm zu spielen, schien er in seiner eigenen Welt zu sein.

Es ist schwer, mit einem Kind zu interagieren, das nicht reagiert. Es ist nicht nur ein wenig schwer, es ist verdammt schwer. Und zwar nicht nur für uns, sondern auch für alle Verwandten.

In all den Büchern, die ich gelesen hatte, ging es nie darum, wie sehr fehlende Kommunikation mit unseren Kindern unsere Verbundenheit zu ihnen und unser Glück beeinträchtigen kann.

Wenn nichts klappt, sinken die Schultern nach unten und man fühlt eine kleine Extraportion Verzweiflung.

Um auch nur eine kleine Reaktion zu bekommen, stellen wir Fragen und Forderungen, versuchen, sie zu animieren – wir machen genau das, was sie *nicht* brauchen!

Aber sagt uns das jemand? Nein.

Viele Eltern geben auf, wenn sie alles versucht haben und nichts funktioniert.

Sie denken: »Das ist Autismus. So ist mein Kind nun einmal. Es kann einfach keine Verbindung aufbauen.«

Das kann man ihnen nicht übelnehmen.

Aber obwohl sie es nicht zeigen können, spüren unsere Kinder diese Ablehnung. Und sie *können* Verbindungen aufbauen, sie können uns nur nicht sagen, was sie brauchen.

Um auch nur eine kleine Reaktion zu bekommen, stellen wir Fragen und Forderungen, versuchen, sie zu animieren – wir machen genau das, was sie nicht brauchen!

Als ich ein paar Videos von mir und meinen Kindern ansah, begriff ich das. Dieser Moment der Erleuchtung hatte große Auswirkungen auf mich.

Als Tori und ich uns die Videos von Alec und mir ansahen, hielten wir die Aufnahme bei den Schlüsselmomenten an. Es traf mich wie ein Blitz: Meine Angst, dass Alec das Sprechen nicht erlernen werde, war ganz klar in meinem Verhalten ersichtlich.

Als Antwort auf seine Passivität war ich umso lebhafter und extrovertierter. Als Antwort auf seine Ruhe wollte ich ihn umso mehr mit spannenden Dingen aus sich herauslocken. »Schau mal!« »Schau, was das macht!« »Das ist aber toll!«

Ich glaube, dass viele Eltern Ähnliches erleben. Es gibt diesen einen Gedanken, den viele Eltern haben: *Mein Kind liebt mich nicht. Wenn es mich liebte, würde es mich anlächeln und ansehen. Es würde antworten.*

Wir geben uns extra viel Mühe, aber das, was wir tun, schreckt unsere Kinder ab.

Alec wollte immerzu kuscheln. Aber immer, wenn ich mit ihm spielen wollte, krabbelte er weg. Als ich das Video sah, zuckte ich innerlich zusammen, als ich sah, wie er sich verrenkte, um von mir wegzukommen.

Leider kommen viele Eltern in dieser Situation nicht weiter. Sie sind verzweifelt und hoffnungslos und schaffen es nicht, wertvolle Zeit mit ihren Kindern zu verbringen. Sie stellen Menschen an, die sich mit ihren Kindern beschäftigen sollen. Und sie stellen diese Verbindung nie her, weil sie glauben, dass sie es nicht können.

Als ich das Video mit Tori ansah, bemerkte ich, wie überfordert Alec mit mir war. Ich war ihm zu aufdringlich, zu laut, zu fordernd. Er konnte meine Anforderungen nicht erfüllen, also zog er sich zurück. Für ihn war es eine Flut von Informationen und er wurde passiv, was ich als Desinteresse und das Fehlen von Liebe interpretierte.

Ihr Kind liebt Sie. Glauben Sie mir, Kinder wollen ihre Eltern lieben und von ihnen geliebt werden. Aber Autismus zu haben bedeutet, dass sie nicht sofort die Arme um Sie werfen oder Sie anstrahlen, wenn Sie den Raum betreten.

Als Eltern müssen wir darüberstehen und dürfen es nicht als Ablehnung interpretieren.

Bei der nächsten Sitzung veränderte ich mein Verhalten. Ich lernte, dass Alec froh war, wenn ich ihm nur zusah. Er begann bald, mir Gegenstände in die Hand zu drücken.

Das Ironische an dieser Situation war, dass Sprachtherapie für mich bedeutete, den Mund zu halten. Die Sprachtherapie arbeitete weniger mit ihm als mit mir. Ich musste mich anpassen. Wer hätte das gedacht?

Als ich gelernt hatte, Alec Freiraum zu geben und das zu tun, was er tun wollte, anstatt ihm meine Ideen zu unterbreiten, wurde er glücklicher. Ich konzentrierte mich, wie er, auf den drehenden Teil eines Spielzeughelikopters und nannte ihm das Wort dazu, dass er nicht kannte.

Was ich durch PACT gelernt habe, ist, dass man nur dann richtig kommunizieren kann, wenn man lernt, die nonverbalen Signale zu übersetzen.

Das nennt man in der Sprachtherapie gemeinsame Interaktion. Es geht darum, auf die Gedanken und Gefühle sowie die Wahrnehmung des Kindes einzugehen. Man soll das Verhalten nicht nachstellen, sondern die Intentionen hinter dem Verhalten verstehen und somit besser kommunizieren.

Ich habe gelernt, mit Alec zu spielen, ohne ihn sprachlich zu fordern.

Es stellte sich heraus, dass weniger mehr ist, wenn man Sprache nur schwer verarbeitet.

Alec hatte mir die ganze Zeit über Signale gesendet, aber ich hatte sie nicht wahrgenommen.

Was ich durch PACT gelernt habe, ist, dass man nur dann richtig kommunizieren kann, wenn man lernt, die nonverbalen Signale zu übersetzen.

Nur dann kann man Teil der Konversation werden, die das Kind mit sich selbst hat. Die Kommunikationsexpertin Phoebe Caldwell beschrieb den inneren Monolog eines Kindes einmal als ständige Wiederholung. Indem man mit ihm auf einer Ebene interagiert, die es verarbeiten kann, werden Sie Teil dieser ständigen Wiederholung und treten in einen Dialog mit Ihrem Kind ein. Und dafür braucht man keine Worte, Gesten reichen.

Nach diesen Sitzungen begann ich Alecs Versuche, mit mir zu kommunizieren, zu verstehen.

Und mit diesem Verstehen war es mir möglich, Alecs Sprachfähigkeiten auf andere Arten und Weisen zu fördern. Er war immer mehr dazu in der Lage, das, was er sagen wollte, über Symbole und Gebärden mitzuteilen.

Bobby lernte durch PACT viele Wörter und er lernte, mir zu vertrauen. Für ihn waren es nicht zu viele Informationen, aber seine Verarbeitung war verzögert. Das hatte ich verstanden, als wir das Video besprachen und ich sah, dass er meine Bewegungen verzögert kopiert hatte. Manchmal sogar erst einige Minuten nach der Interaktion.

Wenn Sie sich schon einmal gewundert haben, warum Eltern von Autisten die Gefühle anderer Menschen so sehr nachvollziehen und auf sie eingehen können, dann wissen Sie jetzt, warum. Wir erspähen nonverbale Signale wie Falken die Mäuse.

Und zwar auch die Signale, die uns mehr über die sensorische Wahrnehmung unserer Kinder sagen. Ich kann nicht in Alecs Kopf hineinschauen. Aber ein paar Bücher, nämlich *Warum Bretter manchmal vor Köpfen kleben* von Rachel Schneider und *Du weißt nicht, wie das ist!* von Phoebe Caldwell haben mir gezeigt, worauf ich achten muss.

Alec hört und berührt lieber Dinge, als dass er sie ansieht. Er vertraut diesen Sinnen also mehr als seinen Augen. Er sieht sehr gut, aber seine visuelle Wahrnehmung ist unzuverlässig.

Alec trägt gerne einen Gehörschutz. Ich fragte mich, ob das an seinem sensiblen Gehör liegt. Ich glaube aber mittlerweile, dass es für ihn einfach leichter ist, wenn die Lautstärke gedämpft ist, um die sensorische Überladung zu minimieren. Ganz sicher bin ich mir aber nicht.

Dass Alec mit einem Stück Faden herumfummelt, wann immer er kann, zeigt mir, dass er leicht von Reizen überfordert wird. Indem er sich auf etwas konzentriert, das er kennt, blendet er alles um sich herum aus. Er schreit nicht, um sich aus einer Situation zu befreien, aber er entzieht sich ihr dennoch.

Ich habe noch etwas erst lernen müssen: Man kann nicht so einfach sagen, ein Kind sei in einem Bereich übersensibel, in anderen untersensibel. Diese Einteilung funktioniert nicht immer. Was es mir schwer macht, Alec richtig zu interpretieren, ist, dass er an manchen Tagen übersensibel auf denselben Reiz reagiert, auf den er an anderen Tagen untersensibel ist.

Autistische Menschen haben uns beigebracht, wie es ist, mit einer Störung der Sinnesverarbeitung zu leben.

Manchmal ist Alec fokussiert und konzentriert, als trübe kein Wölkchen seinen Geist. Ich glaube, dass seine sensorischen Schwierigkeiten ihm an diesen Tagen weniger Probleme machen. Seine Schwierigkeiten sind jeden Tag anders und sind auch mit äußeren Stressfaktoren verbunden. Viele Autisten sagen, dass ihre sensorischen Probleme stärker werden, wenn sie unter Stress stehen.

Als Alec verstand, dass ich mit ihm kommunizieren möchte, dass er mit mir kommunizieren kann, um zu *bekommen, was er braucht*, arbeiteten wir an Alternativen zu verbalem Sprechen. Zunächst kommunizierten wir über Symbole, später kamen Gebärden dazu.

Auf die Sprache Ihres Kindes zu warten ist ein bisschen, wie auf einen sehr, sehr stark verspäteten Bus zu warten. Lass ich es bleiben und gehe zu Fuß? Oder warte ich geduldig hier und sehe zu, wie mein Tagesplan den Bach runtergeht?

Es ist schwer, mit Symbolen und Gebärden zu arbeiten, wenn man noch immer darauf hofft, dass die Sprache kommt.

Was würden Sie tun, wenn Sie wüssten, dass der Bus durch diese Methoden schneller kommt?

Eltern wird so etwas nicht gesagt.

Vielleicht haben Sie beschlossen, einfach abzuwarten. Alles andere als verbales Sprechen scheint nicht das Richtige zu sein und fühlt sich ein wenig so an wie Aufgeben.

Aber Symbole und Gebärden helfen Ihrem Kind, den Vorgang der Kommunikation zu verstehen und zu verarbeiten. Für verbales Sprechen ist das unabdingbar. Das Kind versteht, worum es Ihnen geht. Und tatsächlich kann man mit Symbolen genauso kommunizieren wie mit Worten, es ist nur ein anderes Medium.

Wenn Ihr Kind aber auch keine Alternative zum verbalen Sprechen bekommt, dann werden alle Ihre Erziehungsversuche schwerer werden, denn sie müssen komplett ohne Medium kommunizieren. Während Sie also auf den Bus warten, sollten Sie sich vielleicht nach anderen Fortbewegungsmitteln umsehen.

Der Bus kommt vielleicht oder er kommt nicht. Aber Ihren Kindern Alternativen zu bieten hilft sowohl Ihnen als auch den Kindern. Das verspreche ich Ihnen. Das kann ich Ihnen versprechen, weil ich das auch mit Bobby erlebt habe.

Bobby begann erst zu sprechen, als er bereits Gebärdensprache konnte. Das erste Wort, das er sprach, war auch die erste Gebärde, die er gelernt hatte. Ich glaube nicht, dass das ein Zufall war.

Tori schlug uns vor, Alec PECS (Picture Exchange Communication System), also ein auf Symbolen basierendes Kommunikationssystem, beizubringen, bevor er die Grundschule besuchte. Sie hatte bemerkt, dass er die Verpackung von Schokolade schnell erkennen konnte, und dachte, dass es einen Versuch wert wäre. Weil wir mit den Symbolen früh begonnen haben, konnte er viele von ihnen verwenden, als er dann in die Schule kam.

Als er sich an die Symbole gewöhnt hatte, begann er, sie mit Lauten zu untermalen. *»Vah-Vah!«*, bedeutete, dass er etwas ganz unbedingt wollte. Er hat diesen Laut auch weiterentwickelt. Mit *»Vah-Vah Vah Vah Vah Vah!«* meinte er: »Mach es, und zwar jetzt!« Jetzt, wo er langsam in den Stimmbruch kommt, hören wir oft ein kratziges, basslastiges *»Vah-Vah«*.

Jetzt, wo er nonverbal, mit Unterstützung einiger Laute, kommunizieren kann, konzentriere ich mich darauf, seine Ängste, die er durch den Autismus hat, durch ein paar Bilder und Symbole zu mindern.

Das geht nur, indem ich mich vorbereite, mir Zeit nehme und wirklich darüber nachdenke, was ich kommunizieren möchte – ich kann also alle meine elterlichen Superkräfte einsetzen.

Alec hatte heute Morgen seinen ersten Termin beim Kieferorthopäden. Wir wollten absprechen, ob es besser ist, ihn für eine Kieferkorrektur unter Vollnarkose zu setzen.

Die kurze Antwort: Nein.

Wenn es aber darum geht, Alec auf eine Operation vorzubereiten, dann kann ich das nicht auf Umwegen tun.

Ich habe nicht nur eine Liste für Aufgaben, die ich für die Arbeit erledigen muss, sondern auch eine für meine elterlichen Verpflichtungen. Wenn wir einen Ausflug planen, schreibe ich darauf, dass ich eine Bildgeschichte für Alec zusammenstellen muss. Und bevor ich mich jeden Tag an die Arbeit setze, arbeite ich an diesen Bildgeschichten.

Gestern habe ich mich also hingesetzt und mir überlegt, was ich Alec mitteilen musste. Das hilft übrigens auch bei verbalem Sprechen dabei, schneller zur Sache zu kommen. Seit ich Alec habe, schwafele ich weniger. Jedenfalls meistens.

Zuerst musste ich ihm vermitteln, worum es bei dieser Operation ging. In dieser Hinsicht ist Google mein Retter. Ich musste ihm auch zeigen, wie seine neue Ärztin aussieht, also druckte ich auch ein Bild von ihr aus. Und ich suchte ein Cartoon-Bild von einem Jungen, der in einem großen Zahnarztstuhl sitzt. Der Zahnarztstuhl ist ein guter Orientierungspunkt für Alec, weil er ihn mit seinen eigenen Erfahrungen verbinden kann.

Alec mag den Zahnarztstuhl. Er mag ihn, weil man ihn elektronisch verstellen kann. Es ist ein bisschen wie eine langsame Achterbahnfahrt für ihn. Alec mag alles, was sich elektronisch bewegt. Einmal mieteten wir ein Ferienhaus mit Treppenlift und Alec verbrachte den ganzen Abend damit, langsam auf und ab zu fahren, mit einem breiten Grinsen.

Auf die Zahnarztbilder folgte ein dickes, fettes *»dann«* und ich fügte ein Bild seiner Schule und seines Lehrers hinzu. Wenn du glaubst, dass du danach nach Hause gehen darfst, liegst du falsch, mein Freund.

Dann suchte ich das Symbol für »Veränderung« heraus und ging nach oben in sein Zimmer, wo er sein Möglichstes tat, um nicht ins Bett gehen zu müssen.

»Alec, ich muss dir etwas zeigen«, sagte ich. Er sah von seinem iPad auf und warf einen Blick auf das Symbol in meiner Hand, das ihn nicht allzu sehr zu interessieren schien. Er mag Veränderung nicht. Aber wie so oft füllt Erfahrung die Lücken, die bei Autisten nicht automatisch gefüllt sind.

Ich sagte ihm in Gebärdensprache: »Morgen« und begann, ihm langsam jedes einzelne Bild zu zeigen und zu erklären. Zwei Mal. Manchmal mache ich mir Sorgen, dass, sollte Alec irgendwann einmal sprechen, er mich fragen wird: »Warum hast du mir die letzten zehn Jahres alles doppelt und dreifach erklärt?«

Manchmal weiß ich nicht, ob er alles verstanden hat. Ich fragte: »Verstehst du, was ich meine?« Und er gebärdet: »Ja.« »Ja« kann aber auch einfach ein Versuch sein, mich zum Schweigen zu bringen. Und ich erinnere mich noch sehr gut daran, wie nervig es war, wenn meine Mutter mir etwas immer wieder sagte. Also hoffte ich auf das Beste und ging wieder hinunter.

Heute Morgen, als wir uns gerade abfahrbereit machten, zeigte ich ihm die Bilder noch einmal, zusammen mit dem Symbol für »Veränderung«. Während wir zum Kieferorthopäden fahren, erkläre ich ihm, dass wir dieses Mal nicht abbiegen, sondern geradeaus fahren.

Sie glauben jetzt vielleicht, dass das ein langwieriger Prozess ist. Wenn Sie einen noch langwierigeren Prozess haben wollen, dann bereiten Sie Ihr Kind nicht vor. Ohne Vorbereitung würde Alec ständig versuchen, aus dem Auto auszubrechen, und ich hätte Schwierigkeiten, überhaupt bei der Ärztin anzukommen.

Alec war früher enorm passiv und brauchte überhaupt keine Erklärungen. Jetzt ist er 13 Jahre alt und nicht mehr so zurückhaltend. Das ist durchaus ein gutes Zeichen, denn das bedeutet, dass er seine Umwelt und seine Gefühle besser wahrnimmt. Auf der anderen Seite glaubt er mittlerweile, ein besserer Autofahrer zu sein als ich. Ich muss aber fairerweise sagen, dass er mich oft daran erinnert, dass ich im dritten Gang fahren sollte.

Im Wartezimmer gibt Alec ein paar laute Geräusche von sich. Es stört mich nicht mehr. Sie wissen dort, dass ein autistisches Kind kommt. Wenn sie ihn warten lassen, dann müssen sie mit Geräuschen rechnen.

Im Arztzimmer bittet die Ärztin Alec, dass er die Zähne fest zusammenbeißt. Alec versteht das nicht, er hat gelernt, dass Zahnärzte wollen, dass er »Aaaaaah!« macht. Pflichtbewusst öffnet er also ein paar Mal seinen Mund. Erst, als sie ihm gestikuliert, was sie von ihm möchte, beißt er die Zähne zusammen.

Nachdem wir ihn schlussendlich davon überzeugen konnten, dass er den Spiegel der Zahnärztin nicht mitnimmt, bringe ich ihn ohne Probleme wieder zur Schule. Er hat als Belohnung Gummibärchen bekommen. Meine Handtasche ist voll davon für den Notfall. Man kann mit ihnen spielen, sie aber auch essen. Sie sind also perfekt für jede Situation.

Vieles von dem, was über die Erziehung von nonverbalen Kindern geschrieben wird, kann Sie abschrecken. Meistens wird es ziemlich kompliziert erklärt, man hat ständig Angst, etwas falsch zu machen.

Vergessen Sie das! Sie können nichts »falsch« machen, wenn Sie mit Ihren Kindern sprechen. Solange Sie auf ihre Bedürfnisse eingehen, machen Sie alles richtig.

Was ich an der Arbeit mit Tori, meiner Mitherausgeberin bei AuKids, liebe, ist ihr Verständnis dafür, wie die Arbeit mit autistischen Kindern in der realen Welt funktioniert. Nehmen Sie Stift und Papier, ein Foto auf Ihrem Handy, egal was. Sprache muss nicht verbal sein und man kann nicht immer Bildgeschichten vorbereiten. Egal, was Sie tun, die Hauptsache ist, dass Ihr Kind Sie versteht.

Vergessen Sie das! Sie können nichts »falsch« machen, wenn Sie mit Ihren Kindern sprechen. Solange Sie auf ihre Bedürfnisse eingehen, machen Sie alles richtig.

Symbole, die Sie oft verwenden müssen, sollten Sie immer bei sich tragen. Machen Sie einen bildlichen Zeitplan für alltägliche Abläufe, wie zum Beispiel, sich für die Schule fertig zu machen. Selbst wenn Ihre Kinder Sprache verstehen, hilft ihnen das. Bilder machen es leichter verständlich. Ich versuche, mich dabei immer in Alec hineinzuversetzen. Seine Bildgeschichten sind voll mit Dingen, die er mir vielleicht sagen möchte.

Am anstrengendsten ist es, sein Symbolbuch auf dem Laufenden zu halten. Wenn Sie es regelmäßig verwenden wollen, dann müssen Sie es auf dem Laufenden halten und an die Interessen Ihres Kindes anpassen. Alec liebt jetzt Musikvideos. Er braucht Möglichkeiten, mir zu sagen, ob er einen Song mit Gitarre oder Klavier hören möchte.

Wann immer ich abends seufzend vor dem Symbolbuch sitze, stelle ich mir einfach vor, wie es für Alec wäre, wenn er diese Kommunikationsmöglichkeit nicht hätte. Wie sollte er mir sagen, dass er Tee oder Kaffee möchte, dass er lieber duschen würde, als ein Bad zu nehmen? Mir das kurz vor Augen zu halten hilft mir, weiterzuarbeiten.

Meine Hauptmethode der Kommunikation haben wir gemeinsam entwickelt. Ich zeige ihm zwei Fäuste, wenn er sich zwischen zwei Dingen entscheiden soll. Es ist die einfachste Methode, ihn zu einer Entscheidung zu bringen. Tee oder Kaffee? Ich frage ihn einfach. Chips mit Salz oder Paprika? Konfitüre oder Käse? Er darf und soll sich entscheiden. Genauso wie ich Bobby frage, was er möchte, frage ich auch Alec. Nur anders.

Wenn man nicht nach seiner Meinung gefragt wird, dann entwickelt man auch keine.

Er darf sich entscheiden. Das ist mir wichtig.

Ich glaube nicht, dass Alec wusste, dass er eine Meinung hat, bevor ich angefangen habe, ihn zu fragen. Wenn man nicht um seine Meinung gefragt wird, dann entwickelt man auch keine.

Dadurch entwickelt man auch kein Gefühl dafür, wer man ist. Wir alle haben Meinungen, sie formen uns. Wenn wir nach unserer Meinung gefragt werden, auch wenn es nur um unsere Vorlieben geht, dann fühlen wir uns als Menschen bestätigt. Das ist unglaublich wichtig, um unser Selbstbewusstsein zu entwickeln.

Es geht nicht nur darum, sich im Nachhinein nicht ärgern zu müssen. Es steht so viel mehr auf dem Spiel.

Tori und ich saßen eines Abends zusammen und dachten über all die kleinen Entscheidungen nach, die ich tagtäglich für Alec traf und die er eigentlich selbst treffen konnte. Es waren viele. Sehr viele. Jetzt frage ich ihn, welches T-Shirt er anziehen möchte, obwohl ich weiß, dass es ihm eigentlich egal ist. Ich frage ihn, welche Cornflakes er haben möchte. Meistens nimmt er dieselben wie auch sonst, aber manchmal entscheidet er sich für etwas anderes. Er kann sich entscheiden und diese Entscheidung äußern, wenn er das möchte.

Sie können nicht für Ihre Kinder sprechen. Die Kinder müssen ihre eigene Stimme gebrauchen, selbst, wenn sie nicht sprechen. Nur so werden sie zu unabhängigen, selbstständigen Menschen.

John Lennon sagte einmal, dass das Leben das ist, was passiert, während man Pläne schmiedet.

Kommunikation ist das, was passiert, während Sie auf das Sprechen Ihres Kindes warten.

9 Ein bisschen von deiner und meiner Welt

In die autistische Welt eintreten

Debby: »Bobby, wenn du mir hilfst, meinen USB-Stick zu finden, dann gebe ich dir ein tolles Geschenk.«

Bobby: »Okay!«

(Zwei Minuten später.)

Bobby: »Mama, wenn du mir hilfst, deinen USB-Stick zu finden, dann gebe ich dir all meine Liebe.«

Menschen, die Bobby nicht kennen, sagen für gewöhnlich, er sei sehr selbstsicher. Andere Kinder fühlen sich ihm schnell nahe, weil er mit seinem Autismus kein Problem zu haben scheint. Er akzeptiert sich selbst und ich glaube, er mag sich selbst auch. Er wirkt also wie ein sehr selbstbewusstes Kind, dem es egal ist, was andere über es denken.

Ironischerweise mögen ihn Menschen, weil er sich nicht darum kümmert, ob sie ihn mögen.

Ich erinnere mich an seine erste Schulwoche in der Unterstufe. Ich fragte ihn, ob er schon jemanden gefunden habe, mit dem er sich anfreunden möchte.

»Nein, Mama. Ich konzentriere mich gerade darauf, die Schule zu überleben«, sagte er.

Er meinte damit, dass es ihn viel Energie koste, sich an neue Situationen anzupassen, und er sich später um das Schließen von Freundschaften kümmern werde. Nur keine Eile. Er wusste, wie er am besten vorgeht. Und zwar, weil er selbstsicher ist.

Auch ohne Sprache macht Alec denselben Eindruck. Mir wird oft gesagt, dass er sich wohlzufühlen scheint.

Ist das Veranlagung oder Erziehung?

Vermutlich etwas von beidem, aber ich glaube gern, dass die Einstellung ihrer Eltern zum Anderssein der beiden ihren Teil beigetragen hat.

Ist es deine oder meine Welt? Wir haben uns für eine Mischung aus beidem entschieden. Wir teilen ihre Welt genauso wie sie unsere. Und das hat eine tiefgreifende Wirkung auf beide Zwillinge.

Wenn Sie wollen, dass Ihr Kind Teil der nichtautistischen Welt wird, dass es sich wie eine nichtautistische Person verhält und sich anpasst, dann akzeptieren Sie bitte, dass es dem nahe kommen kann, aber sosehr es auch versucht, so zu werden, nicht etwas nachahmen kann, das für es nicht selbstverständlich ist.

Das enttäuscht Sie vielleicht, aber Ihre Kinder enttäuscht es noch mehr.

Sie verstehen vielleicht nicht, warum sie wie andere Menschen funktionieren sollen, wenn ihre Gehirne anders funktionieren. Sie können nur so tun, als seien sie neurotypisch.

Ich möchte Sie daran erinnern, dass das Weltbild Ihrer Kinder stark von Ihrem eigenen Weltbild abhängt. Ihre Erwartungen werden zu denen Ihrer Kinder. Wenn Sie von ihnen enttäuscht sind, werden sie auch selbst von sich enttäuscht sein.

Selbst wenn Sie es nicht sagen, werden Ihre Kinder das verstehen.

Mittlerweile dürfte ich Ihnen damit schon auf die Nerven gehen. Aber es ist wirklich wichtig, dass Sie verstehen, dass es nicht wichtig ist, wie »normal« Ihre Kinder sind. Ihr Glück und das Glück Ihrer Familie hängen nicht davon ab. Viel wichtiger ist, dass sie mit sich selbst glücklich sind. So werden sie zu erfolgreichen Individuen.

Wenn Sie wollen, dass Ihr Kind Sie in seine Welt hineinlässt, dann müssen Sie Ihrem Kind zu verstehen geben, dass Ihnen sein Weltbild wichtig ist.

Die Welt Ihres Kindes ist nicht eine Ferienhütte auf einem Berg ohne Empfang. Denken Sie eher an einen Ort, den Sie gerne besuchen möchten, an dem Sie sich hinsetzen wollen, um mit Ihrem Kind auf Augenhöhe zu sprechen (selbst wenn Sie nicht sofort eine Tasse Kaffee angeboten bekommen, wenn Sie den Raum betreten).

Nur dann können Sie anfangen, die Welt Ihres Kindes wirklich zu sehen. Wenn Sie sich beschweren, dass Ihre Kinder nie in Ihre Welt eintreten, dann fragen Sie sich, ob Sie dazu bereit sind, in ihre Welt zu kommen.

Wenn Sie wollen, dass Ihr Kind Sie in seine Welt hineinlässt, dann müssen Sie Ihrem Kind zu verstehen geben, dass Ihnen sein Weltbild wichtig ist.

Olga Bogdashina spricht oft davon, dass wir autistischen Menschen die Schuld dafür geben, wenn sie nicht erraten können, was in nicht-autistischen Menschen vorgeht, während wir wirklich schlecht darin sind, ihre Welt zu verstehen.

Ich mochte diese Sichtweise. Also habe ich sie mir »ausgeliehen«.

Manchmal, wenn ich Bobby als Superkind, das von allen gemocht wird, darstellen möchte, erinnere ich mich daran, dass das, was mir wichtig ist, ihm vielleicht überhaupt nicht wichtig ist.

Er erinnerte mich auch daran, als ich ihm ein »cooles« neues T-Shirt mit nach Hause brachte. »Nein. Das will ich nicht tragen«, sagte er.

»Aber warum, Bobby? Es ist wirklich cool.«

»Mama, man muss nicht cool aussehen, um cool zu sein.«

Warum war es mir wichtig, dass mein Sohn cool aussah, wenn es ihm doch so egal war? Er ist einfach, wie er ist. Und er ist ehrlich.

Ich habe viel von Bobby gelernt.

Als er noch kleiner war, versuchte ich, mich in den sozialen Zirkus frischgebackener Mütter einzugliedern. Bobby bekam viele Weihnachtskarten von Kindern, die er gar nicht wirklich kannte. Ich schrieb genauso viele Weihnachtskarten zurück. Ich wählte die Karten sorgfältig aus. Zu billig und es würde aussehen, als ob wir uns nicht dafür interessierten (was wir auch nicht taten), zu überladen und es würde aussehen, als ob wir uns zu viel Mühe gäben (und für ein autistisches Kind sieht ein verzweifeltes Suchen nach Freunden gar nicht gut aus).

Bobby war damals etwa acht Jahre alt.

Ich hatte Besseres zu tun, zum Beispiel darauf zu achten, dass unser Weihnachtsbaum nicht der Neugier Alecs zum Opfer fällt. Aber ich konzentrierte mich trotzdem darauf.

Moment mal …

Wie sollte es meinem Jungen helfen, sich anzupassen, wenn ich lauter Weihnachtskarten für ihn schrieb? Ich versuchte, mich in diese Eltern-Scharade einzugliedern, aus der er sich, so gut er konnte, heraushielt, und zwar mit gutem Grund. Bobby sah sich die Karten, die er bekam, nicht einmal an. Ich fand im Januar etwa ein Dutzend ganz unten in seiner Schultasche.

Er wusste, dass sie bedeutungslos waren.

Autistischen Kindern Sozialverhalten beizubringen ist genauso wie bei allem anderen, das man ihnen beibringen muss. Und man sollte seine Kämpfe weise wählen. Müssen sie lernen, wie man eine Stunde lang ruhig in der Klasse sitzt? Ja, das wird auch später noch wichtig sein. Müssen sie lernen, wie man blöde Weihnachtskarten an Personen schreibt, die einem nichts bedeuten? Nein, definitiv nicht.

Diese elterliche Angst, dass unsere Kinder nicht in eine nichtautistische Welt passen, sorgt dafür, dass wir uns zu sehr bemühen und

Dinge tun, die unseren Kindern nicht helfen. Wir müssen uns fragen, ob wir aus unserer Angst heraus handeln oder weil es unseren Kindern hilft. Ich musste mir diese Frage sehr oft stellen. Meine Vorstellung davon, wie ein soziales Leben aussehen sollte, weicht stark von Bobbys Vorstellung ab. Er braucht weniger Sozialleben und schätzt auch weniger tiefgründige Freundschaften sehr.

Manchmal haben Autisten recht. Sie decken uns unser irrationales Sozialverhalten auf und zeigen uns, wie oberflächlich diese Rituale eigentlich sind.

Als ich mehr über Autismus gelernt hatte und über die Triade von Beeinträchtigungen hinweg war, begann ich zu sehen, was wirklich wichtig war. Ich quälte mich nicht mehr damit, meine Kinder umprogrammieren zu wollen.

Sie so zu akzeptieren, wie sie sind, gab ihnen die Möglichkeit, ein starkes Selbstbewusstsein zu entwickeln. Ironischerweise führte das dazu, dass sie sich entspannten und sich »normaler« verhielten. Und seien wir ehrlich, die meisten Probleme, die wir haben, liegen nicht am Autismus selbst, sondern am gestressten Verhalten unserer Kinder, das damit verbunden ist.

Sie können diesen Druck sehr effektiv vermindern, indem Sie sie so akzeptieren, wie sie sind.

Eine Sache, die ich früh gelernt habe, stammt von einer Danny-Kaye-Kassette, die ich mit zehn Jahren besaß. Der Hauptcharakter der Erzählung, Tubby, die Tuba, hasste seinen Klang, er hätte gerne wie ein anderes, besseres Instrument geklungen.

Tubby lernte im Laufe der Geschichte, dass seine Gruppe ohne sein »Hum-pa-pah« nach nichts klang.

Die anderen Instrumente mussten ihm das aber sagen.

Worauf ich hinaus will, ist, dass es eine Vielzahl sozial anpassungsfähiger, zwischenmenschlich begabter Menschen auf dieser Welt gibt. Aber wir brauchen auch Menschen, die anders denken. Wir brauchen Menschen, die bereit sind, sich eher auf Dinge statt auf Menschen und ihre Vorurteile und Reaktionen zu konzentrieren. Wir brauchen Menschen, die praktische Denker sind und einen Blick fürs Detail haben.

Und trotzdem vermitteln wir unseren autistischen Kindern immer wieder, dass sie nicht gut genug sind, so wie sie sind.

Autistische Jungen sind deswegen manchmal traurig, aber der Effekt, den das auf autistische Mädchen hat, ist schwerwiegend. Sie werden zu Experten des Mimens und lernen, andere, »normale« Menschen so gut zu kopieren, dass sie nicht mehr autistisch wirken. Sie entwickeln keine eigene Persönlichkeit und das spüren sie auch sehr genau. Zum Glück verstehen wir mittlerweile die Schwierigkeiten, mit denen Mädchen konfrontiert sind, und viele Bücher behandeln das Thema.

Mir war immer bewusst, dass es einen negativen Effekt auf Bobby haben würde, zu lernen, dass er anders ist. Deshalb haben wir von Anfang an die Gebiete betont, auf denen er großartig ist, und ihn für seine Erfolge gelobt.

Wenn er etwas nicht gut konnte, beschäftigte ihn das lange. Er hat immer geglaubt, dass man etwas beim ersten Mal perfekt können müsste, sonst sei man ein Versager.

Und ich verstand, warum er das glaubte. Mathematik und Informatik waren von Beginn an ein Kinderspiel für ihn. Immer, wenn er etwas versuchte, das ihm nicht lag, sah er diesen krassen Gegensatz vor sich. Er musste lernen, dass Versagen Teil des Lernens ist.

Sie können einem autistischen Kind nicht verheimlichen, dass es Schwierigkeiten bei bestimmten Dingen hat. Das ist die Realität. Ich wollte, dass Bobby weiß, dass seine Schwierigkeiten nicht an ihm lagen, sondern daran, dass er Autismus hat. Als er noch sehr jung war, erklärte ich ihm Autismus so einfach wie möglich.

»Dein Gehirn ist bei manchen Dingen extrem schnell und andere findet es sehr schwierig«, erklärte ich, »Das liegt daran, dass du etwas hast, das man Autismus nennt. Dein Kopf arbeitet anders als andere Köpfe.«

Nicht falsch, nicht großartig, einfach anders. Neutral.

Was er in bestimmten Bereichen nicht konnte, kompensierte er in anderen.

Das Problem mit »Diagnosen« und Wörtern wie »Therapie« ist, dass es die Annahme erzeugt, dass die eigene, die nichtautistische Welt der autistischen vorgezogen wird. Wenn das Ihr Ziel ist, dann verlangen Sie von Ihrem Kind, jemand zu sein, der es nicht ist. Das ist ein Verlangen, das Ihr Kind nicht schadlos erfüllen kann. Manchmal wird es notwendig sein, aber ganz sicher nicht immer.

Als ich sah, dass Bobby gesund und glücklich war und dazulernte, bemerkte ich, wie sinnlos es war, ihn verändern zu wollen. Ich half ihm, an den Dingen zu arbeiten, die ihn traurig machten, ihn stressten oder vereinsamen ließen. Alles andere überließ ich ihm.

Autismus ist leicht zu verstehen, wenn Sie sich das Gehirn eines Autisten wie ein Museum vorstellen, zu dem es nur mit Voranmeldung Zutritt gibt.

Sie könnten jetzt sagen: »Man muss sie verändern, sonst finden sie sich in der ›echten Welt‹ nie zurecht.« Das stimmt leider.

Sie müssen lernen, wie sie sich in einer nichtautistischen Welt zurechtfinden, um in ihr zu überleben. Sie müssen soziale Fähigkeiten erwerben, um Teil der Gesellschaft werden zu können. Sie müssen ihr Verhalten und dessen Auswirkungen verstehen.

Zusammengefasst: Sie müssen Lebensnachhilfe nehmen und das ist eine große Herausforderung für sie.

Ich machte Bobby aber immer klar, dass sein Verhalten nicht seine Persönlichkeit ist. Ich erklärte ihm, was das Leben einfacher macht, aber ich versuchte nie, ihn zu verändern.

Unsere nichtautistischen Regeln und Verhaltensweisen zu lernen, macht Bobby zu einem Autisten, der soziale Fähigkeiten besitzt. Es macht ihn nicht neurotypisch. Deswegen überrascht es mich auch nicht, dass er sich gerne in seine Welt zurückzieht.

Diese Welt erscheint Ihnen vielleicht eigenartig und fremd, aber genauso sieht Ihr Kind die nichtautistische Welt.

Autismus ist leicht zu verstehen, wenn Sie sich das Gehirn eines Autisten wie ein Museum vorstellen, zu dem es nur mit Voranmeldung Zutritt gibt.

Im Gehirn Ihres Kindes ist alles so angeordnet, wie es ihm passt, und manche Gedanken sind nicht dazu gedacht, geteilt zu werden. Sie müssen innerlich verarbeitet werden. Das Letzte, das sie brauchen, sind ungebetene Besucher, die alles in Unordnung bringen.

Alec will manchmal in seinem Museum herumspazieren, ohne gestört zu werden. Ich war oft hin- und hergerissen: Sollte ich sein Wiederholungsverhalten durchbrechen oder ihn einfach sein lassen? Manchmal sehe ich, dass er sich aus Langeweile oder Gewohnheit so verhält, dann unterbreche ich ihn.

Wenn er aber viel Verantwortung zu tragen hat, viel zu tun hat, nach der Schule zum Beispiel, dann erwarte ich seinen Rückzug schon.

Ich verstehe es nicht ganz, aber ich respektiere es.

Die beste Möglichkeit, eine Verbindung mit Bobby aufzubauen, ist, ihn in seiner Welt, seinem Museum zu besuchen, wenn ich eingeladen werde. Er erzählt mir von seinen Interessen. Ich höre zu und stelle Fragen. Er lernt dadurch, wie man eine Unterhaltung führt, und zwar durch Themen, die ihn begeistern.

Indem ich seine Welt betrete, ist es für ihn leichter, meine zu betreten.

Ich sehe oft, wie Freunde und Verwandte versuchen, mit Bobby zu sprechen, ihm Fragen zu stellen. »Wie geht es dir in der Schule?«, zum Beispiel. Aber sie kommen nicht weit. Es ginge viel schneller, wenn sie auf Bobby zukämen, wenn er gerade ein Spiel auf seinem iPad spielt, und ihn fragten: »Erzähl mir von diesem Spiel. Was musst du da machen?« So kommen sie in seine Welt. Es ist ganz einfach!

Wir können das Museum unserer Kinder besuchen, wenn wir ihre Interessen kennen. Aber was ist mit nonverbalen Kindern? Wie können wir ihre Welt besuchen?

Es ist leicht, Alec zu zeigen, dass er so akzeptiert wird, wie er ist. Ich sehe ihm beim Spielen zu, manchmal spiele ich dasselbe neben ihm und wenn er mich darum bittet, spielen wir gemeinsam. Er bittet mich nicht mit Worten. Er bittet mich durch seine Körpersprache, sein Lächeln, seine Hände.

Wenn er mir Murmeln in die Hand legt, frage ich ihn, was ich tun soll. Er zeigt es mir, indem er seine Hände in die Höhe hebt. Er will, dass ich sie fallen lasse. Das tue ich, dann nehme ich die Murmeln wieder in die Hände. Ich habe viele Jahre gebraucht, um mir das Vertrauen, das man einem guten Spielpartner entgegenbringt, zu verdienen. Jahrelanges Zusehen, Warten und Mitmachen, wenn ich aufgefordert wurde.

Nach der Diagnose hatte ich ein verdrehtes Verständnis von Therapie. Ich glaubte, Therapie bedeutete hauptsächlich harte Arbeit.

Um meinen Kindern bei ihrer Entwicklung zu helfen, muss ich hart arbeiten, genauso wie sie auch. So denken wir Briten. Harte Arbeit für gute Ergebnisse. Wer nichts tut, verändert nichts.

Mit Autismus funktioniert dieses Denken nicht.

Schritt für Schritt, mit Toris Unterstützung und meinen eigenen Erfahrungen, lernte ich, dass meine Kinder wie Schwämme waren, wenn sie lachen konnten. Wenn Alec aber glaubte, dass ich ihm gerade etwas beibringen will, dann schaltete er ab, baute eine Mauer auf.

Wir hatten immer viel Spaß, wenn wir uns unter der Decke versteckten und »Dunkel!« und »Gruselig!« riefen. Wir suchten Spielzeug, das im Dunklen leuchtet, und spielten damit.

Alec mochte es besonders, in die Decke eingewickelt zu werden. Ich glaube, es gab ihm einen sensorischen Druck, den er mochte. Während ich ihn einrollte, rief ich immer wieder: »Raupe, Raupe,

Raupe ...« Und wenn ich ihn fest eingerollt hatte, sagte ich: »Kokon.« Wenn er es schaffte, sich zu befreien, rief ich: »Schmetterling!«

Er fand das unheimlich witzig und versuchte, »Schmetterling« zu sagen. Wir hatten einfach Spaß, aber er lernte dabei viel. Er lernte immer am besten durch Interaktionen.

Alecs Vater las nicht so viel über Autismus wie ich. Was er gelernt hat, hat er durch mich gelernt. Trotzdem spricht Alec am meisten, wenn sein Vater ihn kitzelt. Er ist so aufgeregt, dass er versucht, von zehn herunterzuzählen. Er fordert diese Zeit mit seinem Vater durch seine eigene Art, zu kommunizieren, ein. Wenn ich ihn jetzt frage: »Willst du, dass Papa zu dir kommt?«, dann nickt er mit seiner Faust – die Gebärde für »Ja!« – und macht *»Vah-Vah-Vah-Vah-Vah!«*.

Alecs Lernzeiten sind in seinen Alltag integriert, in das, was er gerne tut und was er mag. Wir machen das Beste daraus.

Als Tori Alec und mir noch Sprachtherapie gab, sagte sie etwas zu mir, das ich mir bis heute gemerkt habe: »Wenn du mit ihnen machst, was sie machen wollen, was glaubst du, zeigst du ihnen dann?«

Ich machte ein paar Vorschläge. »Ja, aber vor allem zeigst du ihnen, dass sie eine gute Idee haben, dass das, was sie tun, in Ordnung ist. Es ist nicht falsch. Es gibt ihnen Selbstvertrauen und du baust eine Verbindung mit ihnen auf.«

Oh! Ich hatte noch nie so darüber nachgedacht.

Indem ich einfach mitmachte, gab ich ihnen die Möglichkeit, mit mir zu kommunizieren. Und sie bauten Selbstvertrauen auf.

Später einmal war ich bei einer Veranstaltung und sah eine Mutter mit ihrem nichtautistischen Kind spielen. Sie spielten ein Spiel und die Mutter korrigierte ihre Tochter ständig: »Nein, schau, das musst du so machen!«

Durch den Umgang mit meinen autistischen Kindern zuckte ich dabei kurz zusammen und ballte die Fäuste, um die Mutter nicht zu belehren. Aber ich sah auch das erste Mal, wie gut die Erziehung von Autisten auch für nichtautistische Kinder funktionieren konnte.

Ihr Museum ist ihre Welt, in die sie sich zurückziehen können. Sie dürfen sich glücklich schätzen, wenn Sie eingeladen werden. Aber Sie werden nicht immer willkommen sein, und es ist wichtig, das zu verstehen.

Während ich das hier schreibe, hat Alec weniger Interesse an mir als an einer Folge von *Paddington Bär*, in der unser flauschiger Held Süßigkeiten herstellt und dann Bauchschmerzen bekommt. Das Geräusch, das Paddington dabei macht, gefällt Alec so sehr, dass er die Slow-Motion-Taste auf der Fernbedienung drückt.

Ich versuche gar nicht, das zu verstehen

Ein bisschen von seiner Welt, ein bisschen von meiner Welt. In gesundem Gleichgewicht.

Das Museum öffnet für soziale Interaktionen unter den Bedingungen des Managements.

Wenn Alec und Bobby ihr Museum für mich öffnen, dann ist das etwas Besonderes für mich. Dann habe ich mir das verdient. So funktioniert Autismus nun mal. Autisten lügen nicht und machen einem auch nichts vor. Sie können sich aber auch nicht dazu zwingen, sozial zu sein, wenn sie das gerade nicht wollen.

Zeit für sich selbst ist für Alec und Bobby wichtig, um Energie zu tanken. Ich finde heraus, ob sie sozialen Kontakt wollen, indem ich mich zu ihnen setze. Wenn Alec sich an mich kuschelt, wenn er *Paddington Bär* schaut, dann darf ich in sein Museum. Wenn wir zusammen mit Fidget-Spinnern spielen, dann sind wir beide nicht in unserer Welt, sondern in einer gemeinsamen Zwischenwelt.

Ich habe kein Problem damit, wenn meine Kinder sich in ihre Welten zurückziehen, solange es sie glücklich macht und sie oft genug in meine kommen, damit wir miteinander kommunizieren.

In Wirklichkeit stellt sich die Frage nach »ihrer« und »meiner« Welt gar nicht, wir treffen uns immer in der Mitte. Sie gewinnen nichts, wenn Sie auf »Ihre« Welt pochen. Autistische Kinder müssen sich manchmal zurückziehen.

Ihre Welt ist ein Ort, an dem sie nicht unter Druck stehen. Nehmen Sie sich auch vor Therapeuten in Acht, die Ihre Kinder unter Stress setzen – gerade während der Therapie sollten sie nicht unter Druck stehen.

Autistisches Verhalten hat oft einen Zweck. Manchmal ist dieser Zweck, zu überleben und sich zu verteidigen.

In den letzten zehn Jahren habe ich gelernt, das zu respektieren. Das ist das Beste, das Eltern tun können.

Natürlich kann ich nicht all das Selbstbewusstsein meiner Kinder allein mir zuschreiben. Auch andere Menschen haben sie beeinflusst. Was eine schöne Überleitung zum nächsten Kapitel ist.

Fast so, als hätte ich das geplant …

10 Das Umfeld kann zur Hölle werden

Probleme in der Schule bewältigen

Mit etwa zehn Jahren, Bobby muss niesen: »Ah … ah … ah … Oh! Abgesagt!«

Hatten Sie schon einmal eine Orchidee? Sie gelten als sehr pflegeintensiv. Tatsächlich sind sie das gar nicht, sie brauchen einfach nur ein bestimmtes Umfeld, in dem sie aufblühen können. Das Umfeld unterscheidet sich vom Umfeld anderer Zimmerpflanzen, aber sobald sie es haben, geht es ihnen eigentlich immer gut. Sie werden zu wunderschönen Pflanzen und zeigen exotische Blüten und sind dabei erstaunlich einfach in der Handhabung.

In diesem Sinne sind autistische Kinder wie Orchideen. Sie brauchen nur das richtige Umfeld. Deswegen haben Tori und ich unser Magazin AuKids genannt. Die Orchideen-Analogie war nicht meine Idee, sondern Toris. Meine Freundin ist begeisterte Botanikerin. *Nicht*. Wenn sie wollen, dass Ihre Pflanze stirbt, bitten Sie Tori, sich um sie zu kümmern. Aber sie nutzt eine gute Analogie, wenn ihr eine einfällt.

Wir verbringen viel Zeit damit, überfordernde Situationen zu meiden. Aber vielleicht sollten wir genauso viel Zeit damit verbringen, anderen Menschen Verständnis für Autismus beizubringen.

In Jean-Paul Sartres Drama *Geschlossene Gesellschaft* heißt es, die Hölle, das seien die anderen Menschen. Die meisten Probleme, die unsere Kinder haben, entstehen nicht durch ihren Autismus, sondern durch ihr Umfeld. Aber das übersehen wir oft.

Wir verbringen viel Zeit damit, überfordernde Situationen zu meiden. Aber vielleicht sollten wir genauso viel Zeit damit verbringen, anderen Menschen Verständnis für Autismus beizubringen.

Wenn Sie sich *Autcraft*, einen Minecraft-Server für autistische Kinder, ansehen, verstehen Sie schnell, wie stark sich ein positives Umfeld auf Ihre Kinder auswirken kann.

Wenn Sie sich die Chatverläufe durchlesen, merken Sie nicht, dass die Spieler Autisten sind. Sie scheinen keinerlei soziale Probleme zu haben. Sie sind sehr höflich zueinander, im Gegensatz zu vielen anderen Spieleforen.

Warum? Sie sind in ihrem eigenen Umfeld und spielen ein Spiel mit Menschen, die sie verstehen. Außerdem verfolgen sie ein gemeinsames Ziel und unterhalten sich nicht nur. Das ist ihr Element. Und sie stehen auch nicht unter Druck, niemand beurteilt ihre Körpersprache. Sie können als körperlose Seelen miteinander interagieren und so sein, wie sie sind.

Deshalb ist es unglaublich wichtig, ein gutes Umfeld für unsere Kinder zu schaffen. Wenn sie ein solches zur Verfügung haben, können sie ganz sie selbst sein.

Die meisten Briefe über Schulprobleme, die wir bekommen, handeln von Kindern, die auf normale Regelschulen gehen. Es ist nicht überraschend, dass Förderschulen besser auf autistische Kinder eingehen.

Überspringen wir das Kapitel darüber, dass Schulen überhaupt nicht für autistische Kinder ausgelegt sind, und kommen wir zur Sache. Wir wissen, dass viele Menschen Autismus missverstehen und dass wenige Schulen die nötigen finanziellen Mittel zur Verfügung haben. Wie schaffen Sie also eine positive Lernumgebung für Ihr Kind?

Ich hatte ungewöhnlich gute Erfahrungen mit all den Schulen, die meine Kinder besuchten. Alec ging auf Förderschulen, Bobby auf Regelschulen. Sicherlich war auch viel Glück im Spiel, aber auch gute

Vorbereitung und die Zusammenarbeit mit den Schulen haben viel dazu beigetragen.

Einem Lehrer eins überzubraten war jedenfalls nicht Teil davon, also kann ich das nicht empfehlen, auch wenn Sie vielleicht Lust darauf hätten.

Manche Dinge im Leben können Sie einfach nicht beeinflussen. Ich will Ihnen zeigen, was sie beeinflussen können. Seien Sie nicht die Person, die ihr Kind auf eine Schule schickt, die Autismus einfach nicht versteht.

Instinkt ist nicht Dummheit. Instinkt besteht aus Tausenden kleinen Entscheidungen, die Sie durch Eindrücke in wenigen Sekunden treffen. Sie haben ein Gefühl und dem sollten Sie vertrauen.

Mein erster Tipp ist, auf Ihren Instinkt zu vertrauen. Das habe ich auch getan und es hat mir sehr geholfen. Ich kenne Eltern, die ein mulmiges Gefühl beiseitegeschoben haben, weil die Schule eine gute Lage hatte.

Instinkt ist nicht Dummheit. Instinkt besteht aus Tausenden kleinen Entscheidungen, die Sie durch Eindrücke in wenigen Sekunden treffen. Sie haben ein Gefühl und dem sollten Sie vertrauen.

Seltsamerweise scheinen Menschen beim Hauskauf eher auf ihren Instinkt zu hören als bei der Wahl einer Schule. Ich weiß nicht, warum. Können Sie sich Ihren Sohn oder Ihre Tochter auf dieser Schule vorstellen? Sehen Sie ein glückliches Kind vor sich?

Der zweite Tipp ist, nicht nur die hübsch dekorierten Wände anzusehen und zu glauben, dass die Schule die richtige ist. Hören Sie genau darauf, was Ihnen gesagt wird.

Eine der besten Schulen in der Umgebung war meiner Meinung nach die schlechteste für Autisten. Sie hatten eine tolle Website, gute Bewertungen und ihre Schüler schnitten in allen möglichen Studien großartig ab.

Als ich mir die Schule aber ansah, grüßte mich lange Zeit niemand. Irgendwann kam die Lehrkraft auf mich zu, die in dieser Schule für Kinder mit besonderen Bedürfnissen zuständig war. Sie sprach über die Schule und fragte mich kein einziges Mal, ob ich mich für ein Gespräch mit ihr hinsetzen wollte. Was sie über Autismus wusste, konnte sie ohne Probleme auf eine Briefmarke schreiben. Ich sah mir die hübschen Stifte und die Bücherei gar nicht wirklich an. Ich hörte nur auf die Alarmanlage in meinem Kopf, die mir sagte, dass ich so schnell wie möglich verschwinden musste.

Die Schule, für die ich mich letztendlich entschied, war im Vergleich weniger hübsch. Die Direktorin grüßte mich begeistert und bat mich sofort, mich zu ihr zu setzen. »Erzählen Sie mir von Bobby!«, forderte sie mich auf und das war der Moment, in dem ich mich für diese Schule entschied. Sie wusste, was mir wichtig war. Mir war wichtig, dass die Schule auf die Bedürfnisse meines Sohnes eingehen wollte. Stellt die Schule Fragen und zeigt ehrliches Interesse an Ihrem Kind?

Behalten Sie im Hinterkopf, dass die Schule sich stark nach der Schulleitung richtet. Stellen Sie sicher, dass die Schulleitung Sie versteht und für ein inklusives Umfeld sorgt.

Mein dritter Tipp ist: Schauen Sie sich an, wie es anderen autistischen Kindern in dieser Schule geht – sofern das möglich ist. In der »perfekten« Schule zeigte mir die Sonderpädagogin stolz, was sie unter Inklusion verstand. Die ganze Klasse saß auf der einen Seite des Raumes, das autistische Kind auf der anderen. Es war nicht nur räumlich von seiner Klasse getrennt, es wurde auch gesondert von einem Lehrassistenten unterrichtet. Im selben Raum zu sein, bedeutet noch nicht Inklusion. Es heißt, dass man im selben Raum ist.

Als mir Bobbys Schule gezeigt wurde, fielen mir einige Dinge ins Auge. In der »perfekten« Schule zeigte ich dem Team von Sonderpädagogen ein Bild von Bobby und sein letztes Zeugnis. Ich hatte ihn nicht mitgenommen, wollte aber, dass sie sich ein Bild von Bobby machen konnten. Sie waren, kurz gesagt, desinteressiert.

Obwohl ich die ganze Zeit lächelte, wirkten sie beinahe abweisend, als sie mir erklärten, dass Bobby sich anpassen müsse. Sie erklärten mir, inwiefern sie sich auf ihn ausrichten könnten und wo ihre Grenzen lägen, als wäre es ein Luxusprogramm und so schwer wie Raketentechnik. Mein Sohn wurde als Ablenkung für die Kinder gesehen, die es zu etwas bringen konnten. Er war Ballast. Sie sagten das natürlich nicht, aber ihre Reaktionen sagten mir alles, was ich wissen musste.

Ich war wütend und angeekelt. Keine Sorge, ich habe ihnen eine lange E-Mail geschrieben und die Schulaufsicht ins CC gesetzt. Es war vorhersehbar, dass sie alles abstreiten würden.

Es ist mir egal, ob alle Kinder auf diese Schule gehen und Sie sich sorgen, dass Ihr Kind von seinen Freunden getrennt werden könnte. Ein schlechtes Umfeld ist das einfach nicht wert.

Bobby wurde übrigens von seinem besten Freund getrennt. Er fand einen neuen besten Freund und blieb mit dem anderen in Kontakt, sodass er jetzt zwei beste Freunde hat.

Wenn Ihre Kinder älter werden, ist besonders wichtig, wie Autismus anderen Kindern in ihrem Alter erklärt wird. Eine gute Schule wird ihr Bestes geben, um Autismus zu verständlich zu machen.

Es gab mehrere Faktoren in Bobbys Schule, die in mir den Wunsch weckten, auf Rollschuhen zur Schulleitung zu fahren und zu rufen: *»Ja bitte! Wir melden uns gleich an!«* Es waren nicht nur die Vorkehrungen, über die die Direktorin mit mir sprach, sondern auch andere, subtilere Dinge. Es gab Schildkröten, um die sich Kinder mit besonderen Bedürfnissen kümmern dürfen, eine Stunde, die jeden Morgen für die Kinder abgehalten wird, sowie die kleinen, positiven, aufbauenden Nachrichten, die überall in der Schule hingen. Und es gab drinnen und draußen viele ruhige Orte, an die Bobby sich zurückziehen konnte.

Und schlussendlich, quasi das Sahnehäubchen, war der Umgang der anderen Schüler mit Bobby. Wir nahmen Bobby zum Tag der offenen

Türe mit, bei dem viele Schüler mitwirkten. Die Schule hatte fünf Klassen, jeder war eine Farbe zugeordnet. Bobby verstand schnell, dass die Schüler ihre Krawatten auf ihre Klassenfarbe abstimmten.

Er ging auf zwei Jungs zu, deutete auf ihre Krawatten und versuchte zu erraten, in welche Klasse sie gingen. Dann wedelte er begeistert mit den Armen.

Ich wartete schon auf die Blicke, die sie sich gleich zuwerfen würden. Ich habe ein gutes Radar für gemeine Kinder. Aber die Blicke kamen nicht. Sie lächelten einfach und erklärten Bobby etwas über die Schule. Als wir weggingen, sah ich zu ihnen zurück. Sie machten sich auch hinter unserem Rücken nicht über Bobby lustig. Sie waren Andersheit gewohnt.

Sobald Sie sich für eine Schule entschieden haben, beginnt der wahre Spaß. Und wie immer ist auch hier Kommunikation der Schlüssel.

Die Superkraft, die die wenigsten Eltern kennen, aber alle in sich tragen, ist, andere Menschen mit ihrer positiven Einstellung anzustecken.

Wenn Sie die Fähigkeit haben, zu beeinflussen, wie andere Menschen über Ihr Kind denken, dann beeinflussen Sie auch dessen Umfeld. Wenn Sie die Gefühle der Menschen verändern, verändern Sie auch ihren Umgang mit Ihrem Kind.

Immer, wenn ich Alec oder Bobby vorstelle, egal, ob auf einer Konferenz oder einem neuen Lehrer, erzähle ich zuerst, was an ihnen großartig ist. »Sie werden Bobby lieben!«, sage ich dann. »Er ist unheimlich lustig!« oder »Alec ist der liebste, entspannteste Junge, den ich kenne.«

Ich tue das sogar, wenn ich einen schlechten Tag habe. Einen »Ich wäre heute lieber nicht Mutter«-Tag. Aber warum tue ich das?

Nennen Sie es Laienpsychologie und stellen Sie sich Folgendes vor:

Sie sind auf einer Party. Sie gehen vermutlich auf viele Partys. Sie sind also hier. Machen Sie das Beste daraus.

Ich habe Sie noch nie getroffen und jemand stellt Sie mir vor. »Ich glaube, ihr kennt euch noch nicht«, sagt diese Person und erzählt mir dann von Ihren schlechtesten Charaktereigenschaften. Oh Gott, Sie haben so viele davon …

Mein Lächeln verschwindet und ich entschuldige mich, denn ich brauche definitiv noch ein Glas Wein. Ich werde den ganzen Abend lang versuchen, Sie zu meiden.

Genau das tun viele Eltern, wenn sie ihre Kinder einer neuen Person überlassen. Ich verstehe das vollkommen. Sie denken: »Schaffen Sie es, mit den schlimmsten Seiten meines Kindes zurechtzukommen?« Sie wollen nicht, dass sie böse überrascht werden, nicht wahr?

Ich sage nicht, dass sie verschweigen sollen, dass Ihr Sohn es liebt, Tapeten herunterzureißen, auch wenn man gerade nicht neu dekorieren möchte, oder dass Ihre Tochter in einer Tonart schreien kann, bei der die Fenster Gefahr laufen zu zerbersten.

Am besten ist es aber, wenn jemand mit Ihrem Kind arbeiten *will*. Wenn wir wissen, worauf wir uns freuen können, werden wir auch enthusiastischer an die Situation herangehen. Wenn wir unsere Kinder loben und jedem sagen, was wir an ihnen lieben, dann werden die Menschen um uns herum positiver auf unsere Kinder zugehen und besser auf Herausforderungen reagieren.

Als ich englische Literatur studierte, wanderte ich oft durch die Bibliothek der Psychologie, die ich sehr interessant fand. Ich las eine Studie über erste Eindrücke. Sie besagte, dass der erste Eindruck, den wir machen, beeinflusst, wie Personen in Zukunft mit uns umgehen. Der erste Eindruck ist wie ein Filter, durch den wir wahrnehmen.

Sie wissen, was ich meine, wenn Sie darüber nachdenken. Wenn jemand, den Sie mögen, etwas tut, das Sie nicht ausstehen können, dann finden Sie dafür eine Ausrede. Wenn jemand, den Sie nicht mögen, dasselbe tut, dann sehen Sie sich in Ihrer Annahme bestätigt, dass dieser Mensch furchtbar ist.

> *Wenn wir unsere Kinder loben und jedem sagen, was wir an ihnen lieben, dann werden die Menschen um uns herum positiver auf unsere Kinder zugehen und besser auf Herausforderungen reagieren.*

Indem Sie Ihr Kind in ein positives Licht rücken, beeinflussen Sie die Reaktionen auf Ihr Kind.

Leider weiß ich den Titel der Studie nicht mehr, die ich las. Aber wenn Sie die Studie kennen, dann lassen Sie es mich gerne wissen.

Noch etwas, das wichtig ist, um Ihrem Kind die Umstellung zu erleichtern: Zeigen Sie den Lehrern das ganze Bild.

Nennen Sie mich einen Pessimisten, aber ich nahm immer an, dass Menschen Fehler machen, wenn ich ihnen nicht das Grundwissen zu Alec und Bobby vermittle.

Geben Sie ihnen alle nötigen Informationen dafür an die Hand, dass Ihre Kinder das Schuljahr überstehen.

Im Ernst: Was du heute kannst besorgen, das verschiebe nicht auf morgen. Indem Sie Lehrern Rüstzeug geben, ersparen Sie sich viele Schwierigkeiten.

Sie können eine Art »Mappe« vorbereiten, ein kleines Handbuch über Ihr Kind.

Ich habe ein Diagramm für Bobby, das auch Tipps für die Klasse enthält. Ich beschreibe darauf die Schwierigkeiten, die Bobby hat und wie man am besten mit ihnen umgehen kann. Dieses Diagramm habe ich in den letzten Jahren, zusammen mit seinem Assistenzlehrer, immer wieder überarbeitet und ergänzt und schließlich an Bobbys neue Schule übergeben.

Ein Hausaufgabenheft zu führen ist ebenfalls sinnvoll.

Hin und wieder schreibe ich der Schule morgens eine E-Mail (auch heute wieder), in der ich die Lehrenden warne, wenn Bobby erst spät eingeschlafen ist und deswegen in der Frühe nicht gut auf mich reagiert hat. Das ist noch weit entfernt von einem Meltdown, aber wenn noch der eine oder andere Stressfaktor hinzukommt, kann es leicht einer werden. Deshalb informiere ich die Lehrer. Sie geben ihm an diesen Tagen mehr Zeit für sich selbst.

Ihre positive Einstellung wird auch die Menschen im Umfeld Ihrer Kinder motivieren, weil Sie sich auf positive Ereignisse, auf Fortschritte konzentrieren. Und Sie sollten auch die Leistungen der Lehrer hervorheben.

Anstatt jeden Tag das Negative zu suchen, schreiben Sie ein »Dankeschön!« in das Hausaufgabenheft Ihres Kindes. Natürlich ist es ihr Beruf, aber auch Lehrer sind nur Menschen und jeder hört gern, dass er gute Arbeit leistet. Nehmen Sie nicht einfach an, dass sie das oft genug hören. Das tun sie nämlich nicht.

Schreiben Sie eine E-Mail an die Schule, in der Sie sich für die gute Arbeit der Lehrer bedanken. Ich schreibe hin und wieder auch an die Direktorin, um sie wissen zu lassen, dass ich den Lehrenden sehr dankbar bin.

Ich möchte, dass sie sich wertgeschätzt fühlen. Genauso wie das Wort »Nein« Ihrem Kind nichts darüber verrät, was es denn tun soll, hilft es auch Lehrenden nicht, nur das Negative aufzuzeigen. Konzentrieren Sie sich auf das Gute. Nehmen Sie sich diese Minute Zeit.

Die meisten Eltern kommunizieren nur dann mit der Schule, wenn es ein Problem gibt. Wenn Sie aber auch in guten Zeiten mit der Schule in Kontakt stehen, dann haben die Lehrenden nicht das Gefühl, dass Sie sich »nur beschweren wollen«, wenn wirklich einmal etwas falschläuft. Sie wirken ausgewogener.

Auch in den besten Schulen kann es zu Problemen kommen. Wie mit diesen Problemen umgegangen wird, sollte Ihre Entscheidung beeinflussen, ob Ihr Kind weiterhin auf diese Schule gehen soll.

Deswegen glaube ich, dass es am besten ist, die Boxhandschuhe zu Hause zu lassen. Sie können die Reaktion nicht wirklich abschätzen, wenn Sie die Lehrenden zuerst in die Defensive treiben.

Wenn Sie ruhige, konstruktive Diskussionen mit der Schule führen, die Situation sich aber nicht verbessert, dann holen Sie die Boxhandschuhe heraus.

Wenn Sie emotional werden, dann nehmen Menschen gerne an, dass Ihre Gefühle einer objektiven Sicht im Wege stehen. Das mag vielleicht nicht der Fall sein, aber es wirkt so.

Für mich ist es am einfachsten, die Situation zu beschreiben. Ich gehe auf Ursachen und Wirkungen ein, lasse aber meine Gefühle aus dem Spiel.

Zum Beispiel: »Heute Morgen gab es einen Feueralarm. Bobby wurde nicht vorgewarnt, er hat das nicht erwartet. Für Autisten sind plötzliche Veränderungen sehr stressig. Deshalb hat er Panik bekommen. Wie können wir zukünftig darauf eingehen?«

Die Antwort ist natürlich offensichtlich: Man sollte Bobby das nächste Mal vorwarnen. Aber wenn Sie die Antwort anderen überlassen, dann glauben sie, eine gute Idee zu haben, und fühlen sich der Situation eher gewachsen. Das macht besseres Verhalten in der Zukunft wahrscheinlicher, als zu schreien: »Hätten Sie die Güte, mein Kind in Zukunft verdammt noch mal vorzuwarnen?«

Es hilft schon, aber es trägt nichts zu einer konstruktiven, positiven Atmosphäre bei.

Nach ihrer Meinung gefragt zu werden, gibt Menschen das Gefühl, wichtig zu sein, selbst, wenn Sie ihre Meinungen nicht teilen. Man bringt Ihnen mehr Verständnis entgegen. Vermeiden Sie Anschuldigungen und stellen Sie lieber Zusammenarbeit in Aussicht: »Was können wir tun? Wie denken Sie darüber?«

Und Sie sollten nicht einfach Vermutungen anstellen. Das habe ich einmal gemacht und ich bin so froh, dass ich nicht danach gehandelt habe. Es sah so aus, als sei Bobbys Stundenplan über Nacht umgestellt worden. Mein erster Gedanke war: »Was zur Hölle soll das werden?« Ich schrieb eine höfliche E-Mail: »Können Sie mir sagen, warum …?«

Die Antwort war einfach: Er hatte aus Versehen einen falschen Stundenplan bekommen. Ich hätte meine gute Beziehung zu Bobbys Schule aufs Spiel gesetzt. Natürlich ist es schwer, keine Vermutungen anzustellen, wenn es schon ein paar Vorfälle gab, aber ich versuche trotzdem, jede Situation individuell zu beurteilen. Das fällt mir leicht, weil ich der Schule vertraue. Hätte die Schule sich mein Vertrauen nicht erarbeitet, wäre es wesentlich schwerer.

Autistische Kinder haben kommunikative Beeinträchtigungen. Das bedeutet, dass ihre Eltern doppelt so gut kommunizieren müssen. Wenn wir das nicht tun, folgen Meltdowns und Probleme.

Es ist ein wenig mehr Aufwand, aber das ist es wert.

11 Was man nicht kann, kann man lernen

Die Gedanken anderer Menschen verstehen

Bobby, mit elf Jahren: »Nicht einmal Gott könnte meine Decke einrollen. Ich besitze die geheimnisvolle Kraft.«

Ich habe früh mitbekommen, dass meine Zwillinge glaubten, ich könne ihre Gedanken lesen.

Später wurde mir das auch wissenschaftlich erklärt: Es ging um die Theory of Mind. Bobby und Alec verfügten nicht darüber.

»Theory of Mind« ist nicht so kompliziert, wie es klingt. Es ist einfach ein Fachbegriff.

Der Begriff beschreibt die Fähigkeit, die Gefühle und Gedanken anderer Menschen nachzuvollziehen und ihre Absichten abzuleiten. Einfach erklärt bedeutet das, dass unsere Kinder sich nicht in andere Menschen hineinversetzen können. Autisten haben nur eine einzige Perspektive, und zwar ihre eigene.

Sie baten mich also um nichts, weil ich schon wusste, was sie brauchten, oder etwa nicht? Bedeutete das, dass ich ihre Gedanken lesen konnte?

Ich bewies ihnen, dass ich keine Gedanken lesen konnte, indem ich mich weigerte, zu erraten, was sie von mir wollten (obwohl es ziemlich offensichtlich war). Ich musste das immer wieder tun, was meine Geduld herausforderte. Mich dumm zu stellen, fiel mir hingegen nicht schwer.

Tori brachte mir bei, meinen Kindern vorzusprechen, was sie sagen würden, wenn sie es könnten. Wenn sie versuchten, sich mitzuteilen, sagte ich also: »Ich hätte gerne ein Glas Milch!«

Autisten können sich schwer vorstellen, dass nicht jeder Mensch gleich denkt und funktioniert.

Ich kann mich gut in andere hineinversetzen und es fällt mir schwer, mir vorzustellen, wie es wäre, wenn ich das nicht könnte. Während ich an diesem Buch arbeite, denke ich die ganze Zeit »von mir zu Ihnen, von mir zu Ihnen ...«. Ich versuche vorherzusagen, wie diese Informationen bei Ihnen ankommen.

Ich muss dabei verschiedene Perspektiven einnehmen. Sie könnten schon alles über Autismus wissen und etwas Lustiges lesen oder Ihr theoretisches Wissen um Praxis erweitern wollen. Oder vielleicht wissen Sie auch sehr wenig über Autismus und Sie steigen mit diesem Buch in die Thematik ein.

Vielleicht lesen Sie auch regelmäßig AuKids und wollen mehr über die Hintergründe erfahren. Oder Ihre Erfahrungen sind meinen sehr ähnlich und wir beide lachen miteinander, was mich sehr freuen würde.

Dieses Buch muss all diese Anforderungen erfüllen können und das ist nicht leicht zu bewerkstelligen. Vielleicht schaffe ich es nicht immer, Ihre Fragen zu beantworten, was mir sehr leid tut.

Aber nehmen wir einfach an, es genügt, dass ich von all diesen Perspektiven weiß.

Für jemanden, der sich nicht in andere Menschen hineinversetzen kann, muss es sich immer so anfühlen, als würde *es niemand verstehen*. Ich glaube fest daran, dass es wichtig ist, die Theory of Mind zu üben, um soziale und kommunikative Fähigkeiten zu erwerben.

Sich in andere Menschen hineinversetzen zu können, in ihre Gefühle und Beweggründe, führt zu guten, gesunden zwischenmenschlichen Beziehungen. Je besser Sie darin sind, desto eher können Sie Menschen für sich gewinnen und von sich überzeugen.

Obwohl die Theory of Mind nicht sonderlich spannend wirkt, sollten wir Eltern uns intensiv mit ihr beschäftigen.

Einige autistische Kinder sprechen nicht, weil sie nicht wissen, dass sie ihre Gedanken mitteilen müssen. Es liegt nicht daran, dass sie nicht können (außer, es liegen physische Probleme vor) oder wollen, sie verstehen nur nicht, warum sie das tun sollten.

Die Autistin Ros Blackburn erzählte, sie habe erst zu sprechen begonnen, als andere Menschen sie frustriert hätten. Bis in ihre Jugendjahre habe sie nie sprechen müssen, um von anderen verstanden zu werden.

Wenn einem die Theory of Mind fehlt, bedeutet das aber auch, dass man sich nicht verurteilt fühlt oder andere Menschen beurteilt.

Denken Sie kurz darüber nach. Ich denke oft daran.

Auf derselben Veranstaltung sagte Ros Blackburn, dass autistischen Menschen selten etwas peinlich ist, weil sie sich wirklich nicht vorstellen können, was andere Menschen von ihnen denken. Was großartig ist, wenn man vor Publikum spricht.

Wenn ich Konferenzen abhalte, bin ich unheimlich nervös, weil ich darüber nachdenke, was andere von mir denken werden. Es ist ein furchtbares Gefühl, das Sie vielleicht auch kennen.

Autisten sind nicht arrogant. Sie können sich nur nicht in die Perspektive ihres Publikums hineinversetzen. Sich also vorzustellen, wie das Publikum die Information aufnimmt und daraufhin seinen Vortrag anzupassen, ist bestimmt nicht ihr Fachgebiet.

Ich sprach neulich mit meinem Freund Tim (unserem AuKids-Fürsprecher) darüber. Ich fragte ihn, ob er manchmal darüber nachdenke, wie andere Menschen ihm zuhörten oder was sie dächten.

Er sagte, er denke nicht darüber nach und könne das auch gar nicht. Es sei für ihn schlicht unmöglich. Als Kind sei er es gewohnt gewesen, dass Menschen negativ auf ihn reagierten, sodass er irgendwann angenommen habe, dass jegliche Art schlechter Laune von ihm ausgehen müsse. Er habe aber nicht verstanden, warum.

Autisten sagen oft: »Vermutlich habe ich etwas falsch gemacht.« Bobby sagt oft: »Das tut mir leid.« Für ihn ist dieser Ausdruck eine Versicherung. Sollte er etwas falsch gemacht haben, hat er sich dafür entschuldigt.

Es ist ein mieses Gefühl, wenn man glaubt, etwas Falsches getan zu haben, aber nicht weiß, was.

Als Mutter weiß ich, dass ich zu Bobby ehrlich sein muss. Ich erkläre ihm permanent Ursache und Wirkung, nicht nur seines, sondern auch meines Verhaltens.

Und wieder ist der Lego®-Vergleich nützlich. Wir haben eine ganz normale Unterhaltung, bei der ich meinem Gesprächspartner einfach nur mehr erkläre als anderen Menschen.

Ich erkläre ihm also, dass ich, wenn ich ihn zum Essen rufe und keine Antwort bekomme, annehme, dass er mich nicht gehört hat. Ich erkläre ihm, dass ich einen Anfang brauche, um ihn zu verstehen, wenn er eine Geschichte in der Mitte beginnt.

Und ich erkläre ihm, dass meine Frustration nichts mit ihm zu tun haben muss, sondern einfach am Rest meines Tages liegen kann.

Immer wieder in kleinen Dosen, zu erklären, was warum passiert, hat seine sozialen Fähigkeiten unheimlich verbessert.

Mein Mann und ich verbrachten neulich ein paar unserer seltenen Urlaubstage in Italien. Ich bemerkte, wie effektiv der Portier mit uns kommunizierte: »Sie können die Fenster im Schlafzimmer nicht öffnen, wegen der Mücken. Aber Sie können das Badezimmerfenster öffnen. Warum? Weil ich ein Fliegengitter angebracht habe.«

Dieses »Warum?« hilft autistischen Menschen, sich in einem Gespräch zu orientieren. Wenn man uns etwas sagt, dann lernen wir es nicht. Wir brauchen ein *Warum*, um zu verstehen.

Wann immer es in der Schule soziale Schwierigkeiten gab, zeichnete ich kleine Comicstrips mit Bobby und er versuchte dann, den Kontext zu verstehen und die Reaktionen von Menschen damit in Zusammenhang zu bringen. Was denken sie? Und wo verstecken sich Hinweise auf ihre Gedanken? Für Autisten ist das schwer, aber wenn man ihnen zeigt, wie man eine Situation beobachtet, und das mit ihnen übt, fällt es ihnen leichter.

Ich hasse erzwungenen Augenkontakt, aber ich glaube, dass Autisten Gefühle nicht richtig ablesen können, wenn sie keinen Augenkontakt halten können. Und man muss ihnen andere, subtilere Signale beibringen.

Ich hatte Glück. Ich musste Bobby zwar erklären, wie man Augenkontakt hält, aber er verstand es schnell. Wir arbeiteten mit unserer ersten Sprachtherapeutin daran, indem wir ihm die Schachtel voller Rosinen nicht gaben, bis er Augenkontakt mit uns aufnahm. Heute würde ich nicht mehr so arbeiten. Wenn wir nicht wissen, warum sie den Augenkontakt vermeiden, dann kann es sein, dass wir sie unter Druck setzen. Manche Autisten nehmen über den Sehnerv zu viele Informationen auf, um sie zu verarbeiten. Für andere kann Augenkontakt sehr verwirrend sein.

Bobby sah einfach nur keinen Sinn darin. Er verstand Augenkontakt, als er drei Jahre alt war, und seitdem fällt es ihm leichter, Gefühle zu verstehen. Wir gingen damals zu vielen Tests und wissen daher, dass er Gefühle leicht identifizieren kann.

Nachdem wir viel mit ihm geübt hatten, versuchte er, mich zu lesen. Einmal sagte er: »Halt! Sag nichts! Du bist müde und es ist jetzt nicht der richtige Zeitpunkt.« Ich war unglaublich stolz auf ihn. Er hatte gelernt, mich zu lesen. Nicht nur, was ich gerade fühlte, sondern auch warum.

Man braucht nicht zwingend eine Sprachtherapie, um das zu üben. Es braucht nur viele Erklärungen, ein laufendes Kommentieren aller Tätigkeiten. Emotionale Untertitel, sozusagen.

Eine andere Methode, mit der wir Bobby die Innenwelt anderer Menschen erklärten, waren Bauchblasen.

Als Bobby etwa acht Jahre alt war, sprachen wir das erste Mal über Bauchblasen, als ich nichts mehr über Skylanders hören konnte.

»Bobby, können wir über etwas anderes sprechen?«, bat ich.

»Nein, Mama, das können wir nicht. Ich habe Bauchblasen. Nämlich Super Mario, Skylanders, Sonic, Minecraft und Pokémon. Die kommen abwechselnd aus meinem Bauch direkt in meinen Kopf. *Es gibt sonst nichts!*«

Interessante Perspektive. Und ich überlegte, wie wir Bauchblasen nutzen könnten, um ihm eine andere Perspektive zu vermitteln.

Ich erklärte ihm, dass jeder Mensch Bauchblasen hat, aber mit anderen Themen. »Was glaubst du, sind meine Bauchblasen?«, fragte ich ihn.

»Duran Duran und A-ha?«

Peinlich. Nicht falsch, aber peinlich. Ich mag moderne Musik, aber im Herzen bin ich den 80er-Jahren treu.

Ich schickte Bobby auf eine Mission: Er sollte in der Schule herausfinden, was die Bauchblasen seiner Freunde waren, indem er sie danach fragte.

Er freute sich auf diese Mission. Um ihm zu helfen, bat ich seine Freunde, Bobby ein Bild von sich umgeben von ihren Interessen zu malen.

Bobbys Freunde sind sehr verständnisvoll und alle malten ihm ein Bild, sogar Bobbys Cousins machten mit. Bald waren die Wände seines Zimmers voll mit Bildern von Hunden, Meerschweinchen, Hello Kitty, Pferden, Tanzen … alle Hobbys, die Sie sich vorstellen können. Einmal nahmen wir Bobbys neue Freundin mit (er hatte gleichzeitig fünf Freundinnen, die er nach Präferenz sortierte). Auf dem Rücksitz fragte er sie, was ihre Bauchblasen seien. Sie mochte »Henry den Schrecklichen« genauso gerne wie er. Sie hatten mehr gemeinsam, als sie dachten.

Wir konnten durch Bauchblasen vieles erfahrbar machen.

Je älter Bobby wurde, desto besser wurden seine empathischen Fähigkeiten. Ich begann, meine Gefühle offener zu zeigen.

Eines Abends, als er zwölf Jahre alt war, war ich niedergeschlagen. Ich war mittleren Alters, Mutter zweier Autisten, hatte mich ein wenig gehen lassen und knapp sechs Kilo zugenommen.

Ich versuchte, eine Diät zu machen, was aber nicht so wirklich funktionierte.

»Bobby, weißt du, wie man jemanden tröstet? Ich brauche ein wenig Trost, weil ich versuche, abzunehmen, aber es funktioniert nicht richtig.«

Wie immer begann Bobby, mir Tipps zu geben.

»Du musst dir selbst widerstehen.«

»Ja.«

»Und belohne dich, wenn du dir selbst widerstehst.«

»Das klingt gut, Bobby.«

»Was magst du – mal abgesehen von Süßigkeiten …?«

»Ich mag Musik und heiße Bäder und …«

»Wenn du dir selbst widerstehst, dann bürste ich deine Haare.«

Und das ist der Moment, in dem Sie dafür belohnt werden, ein autistisches Kind großzuziehen. In dieser einen Unterhaltung hat Bobby mir gezeigt, wie weit er gekommen ist, wie sehr er daran arbeitete, meine Gefühle zu verstehen.

Viele Leute glauben, autistische Menschen hätten keine Empathie. Das ist Blödsinn. Wenn man Schwierigkeiten hat, Mimik zu lesen und mit dem Kontext in Verbindung zu bringen, dann wirkt es, als hätte man keine Empathie. Eine Situation nicht lesen zu können, heißt nicht, dass man kein Mitgefühl empfindet. Bobby und Alec sind sehr mitfühlend, sie empfinden dieselben Gefühle wie andere Menschen. Aber manchmal brauchen sie ein wenig Hilfe, um zu verstehen.

Tori ist nicht nur meine Mitherausgeberin, sondern leitet auch ein Zentrum, in dem sie autistische Kinder unterstützt. Als wir einmal ein Bild sahen, entschieden wir uns, ein kleines Experiment durchzuführen. Das Bild zeigte ein trauriges Strichmännchen. Sein Eis war aus der Waffel gefallen und lag auf dem Boden, Wolken hingen über seinem Kopf und der Regen durchnässte das Strichmännchen.

Wir fragten drei Autisten aus unserem Büro, wie sie dieses Bild interpretieren würden. Tim, der bei AuKids arbeitet, fragte: »Ist das ein Schnabel?« Er konnte weder den Gesichtsausdruck noch den Kontext richtig interpretieren und dachte daher, die Eiswaffel sei ein Schnabel. Die Hinweise im Bild halfen ihm nicht.

Ein anderer Kollege sah sich das Bild an und meinte: »Er ist traurig, weil es regnet.«

Neurotypische Menschen sehen sich den Gesichtsausdruck an und füllen Lücken durch Kontext. Er sah das offensichtlichste Element, nämlich die Regenwolke, und zog daraus seine Schlüsse.

Unser dritter Teilnehmer, eine Kollegin, sagte, als sie das Bild sah: »Er ist traurig, weil sein Eis auf den Boden gefallen ist. Die Regenwolken symbolisieren, dass er traurig ist.« Sie hatte bessere soziale Fähigkeiten und wusste, worauf sie Acht geben musste.

Das zeigt gut, wie unterschiedlich Fähigkeiten sein können. Manche können die Signale besser interpretieren als andere.

Tatsächlich sagen viele Autisten über sich, dass sie *besonders* empathisch sind, weil sie Lücken viel stärker wahrnehmen. Weil sie mehr darüber nachdenken müssen, was andere Personen denken, sehen sie, was fehlt. Besonders autistische Frauen können das.

Sympathie und Empathie unterscheiden sich maßgeblich.

Wir Eltern sind übrigens großartig darin, unsere Kinder glauben zu lassen, wir könnten Gedanken lesen. Das hilft leider überhaupt nicht, wenn man keine Theory of Mind hat.

Wenn Sie Ihrem Kind alle Entscheidungen abnehmen, weil Sie genau wissen, dass es Erdnussbutter auf seinen Toast haben möchte, dann glauben sie, dass alles, was in seinem Kopf ist, *tatsächlich* auch in Ihrem ist.

Sehen Sie! Sie können Gedanken lesen! Aber wie kommt es, dass Sie wissen, dass Ihr Kind Erdnussbutter essen möchte, aber nicht wissen, dass es Kopfschmerzen hat?

Was stimmt nicht mit Ihnen?!

Indem ich Alec jeden Tag frage, was er tragen, essen und tun möchte, entwickelt er eine Theory of Mind – er weiß, dass er mit mir kommunizieren muss.

Alec wartete früher immer darauf, dass Dinge einfach passierten. Bis zu seinem achten Lebensjahr war er sehr passiv. Er ließ die Welt zu sich kommen und weil er süß und liebenswert ist, wir ihn gut kennen und die Kommunikation mit ihm schwierig sein kann, lasen wir oft seine Gedanken. Ich verwendete Symbolkarten nur dann, wenn ich nicht erraten konnte, was er wollte. Ich rätselte vor mich hin, er saß vor mir und sah süß aus.

Durch die Therapie mit Tori hörte ich damit auf.

Ich lernte, Alec Entscheidungen treffen zu lassen, auch wenn ich bereits wusste, was er wollte.

Manchmal überraschte er mich aber. Ich glaube, er entschied sich manchmal anders, einfach, weil er konnte.

Wenn wir nicht kommunizieren können, dann sind wir hilflos.

Vergessen Sie nicht, dass autistische Menschen keine Ahnung davon haben, wie es ist, nichtautistisch oder neurotypisch zu sein.

Genauso wenig wie Sie wissen, wie es ist, Autismus zu haben. Aber weil Sie die Theory of Mind haben, können Sie sich besser in Ihr Kind hineinversetzen.

Es liegt also an uns, unseren Kindern dabei zu helfen, die Lücken zu füllen.

Aber das ist nicht schwer. Ich mag es, Bobbys Version der Welt zu sehen, und viele andere Menschen mögen das auch. Es ist überraschend erfrischend, mit einer Person zu reden, die die Welt nicht durch die rosarote Brille sieht, sondern so, wie sie ist.

Das Problem beginnt, wenn andere Menschen fehlende soziale Fähigkeiten mit fehlender Intelligenz verwechseln.

Autistische Menschen verstellen sich nicht. Wenn Sie mit jemandem sprechen, der Autismus hat, dann können Sie frei sprechen und müssen nichts beschönigen. Das ist auch besser für ihn.

Diese Weltsicht bewundere ich, auch wenn es meinen Kindern und mir oft Schwierigkeiten bereitet.

12 Starre Denkmuster aufbrechen
Kindern helfen, flexibler zu sein

»Du erhältst Kraft, Mut und Vertrauen mit jeder Erfahrung, für die du bestimmt innehältst, um der Angst in die Augen zu sehen. Du musst das tun, von dem du denkst, dass du es nicht kannst.«

Eleanor Roosevelt

Nicht nur, dass Bobby als Kleinkind oft seine Geduld verlor, er verweigerte sich auch allem, was wir mit ihm tun wollten.

Zuerst sagte er nur »Nein«, vor allem, wenn ich ein neues Gericht ausprobierte.

Als er sich besser ausdrücken konnte, drückte er auch seine Abneigung klarer aus.

»Nein, ich will da nicht hingehen.«

»Nein, ich will das nicht probieren.«

Und seine Lieblingsversion der Verneinung: »N-n-n-n-n-n-n-n-n-n-n-n-neeeeeein.«

Das beschränkte unsere Möglichkeiten sehr. Aber je älter er wurde, desto mehr verstand ich.

Autismus bedeutet, dass einem alles Angst einflößt.

Dieses starre Denken ist keine Sturheit, sondern Angst. Autisten fühlen sich sicher, wenn sich nichts verändert.

Wenn Bobby »Nein« sagte, bedeutete das:

- Ich bin mir nicht sicher.
- Ich habe Angst.
- Ich mag keine Veränderung.
- Ich weiß nicht genug darüber, um eine Entscheidung zu treffen.
- Was, wenn ich es versuche, aber nicht mag?
- Was, wenn es mich so verwirrt, dass ich einen Meltdown habe?

Aber er hatte nicht das Vokabular, um das auszudrücken. Er kannte auch seine eigenen Gefühle nicht gut genug, um das zu verstehen.

»Nein« bedeutet Sicherheit. Wir wissen, was passiert, wenn wir »Nein« sagen. Es ist eine Bewältigungsstrategie.

Wenn sie älter werden, reicht schon die Angst davor, was passiert, wenn sie sich nicht sicher fühlen – ein Meltdown – aus, um sie von der Welt abzuschotten. Der Gedanke an Ablehnung und Bedrängnis hat Macht über sie.

Und je öfter sie ihren starren Denkmustern folgen, desto mehr Macht haben sie über sie. Das bedeutet, dass nicht nur sie selbst gefangen sind, sondern auch ihre ganze Familie.

Aber es ist möglich, diese starren Denkmuster aufzubrechen. Ich habe gelernt, dass ein sicheres, stabiles Zuhause ihren rasenden Köpfen einen Ort gibt, an dem sie sich entspannen können. Wie Sie wissen, bin ich keine Wissenschaftlerin, aber ich habe gesehen, dass ein sicheres Zuhause ihnen hilft, flexibler zu werden. Ein ruhiges Umfeld holt sie aus ihrer Überlebensangst und sorgt dafür, dass sie sich mehr zutrauen.

Das ist ein weiterer Grund dafür, ein ruhiges und angemessen vorhersehbares Umfeld für unsere Kinder zu schaffen. Wenn wir zu den Meltdowns kommen, will ich noch genauer darauf eingehen (ich wette, Sie können es kaum erwarten).

Obwohl Bobby ein ruhiges Umfeld hatte, war »Nein« sein Lieblingswort. Ich habe ihm beigebracht, die Bedeutung dieses Wortes in jeder Situation zu hinterfragen.

Meistens bedeutete es: »Ich bin mir nicht sicher.«

Und ich habe Bobby gezeigt, dass es Auswege gibt.

Was hältst du davon, wenn wir das für ein paar Minuten probieren und aufhören, wenn du es nicht magst?

Was meinst du? Kannst du einen ganz kleinen Bissen probieren? Und wenn du es nicht magst, dann musst du nicht aufessen.

Wollen wir es einfach auf deinen Teller legen und sehen, was passiert?

Ein Ausweg nimmt ihnen die Angst und wirkt Wunder.

Etwas Neues auszuprobieren bedeutet nicht, dass man es tun muss. Wenn Ihr Kind das versteht, hat es weniger Angst davor.

Wir haben Bobby und Alec immer nur ein paar Schritte aus ihrer Komfortzone herausgeführt. Wie ein afrikanisches Sprichwort besagt: »Niemand steigt mit beiden Beinen ins Wasser, wenn er sehen will, wie tief es ist.«

Ich gewöhnte mich daran, die Tür zu etwas Neuem einen Spalt zu öffnen. Aber ich zeigte ihnen auch immer den Notausgang.

So lernten sie, Neues zu tolerieren.

Das Faszinierende war, dass wir nie nach fünf Minuten aufgehört haben. Ihnen einfach die Möglichkeit zu geben, nach fünf Minuten aufzuhören, war genug. Nach Ablauf dieser Zeitspanne meinte Bobby meistens: *»Das ist der beste Tag meines Lebens!«*

Gavin und ich tauschten wissende Blicke aus.

Sie fragen sich vielleicht, wie wir die starren Denkmuster bei Alec aufbrachen. Das mussten wir nicht. Der Junge, der nicht sprach, möchte die Wiederholung, aber starres Denken war nicht Teil seines Autismus-Büffets. Erst als er älter wurde und sein Umfeld besser verstand, kamen die starren Gedanken. Wir brachten ihm genauso bei, sein nonverbales »Nein« zu hinterfragen. Er sollte das Gefühl, das diesem Ausdruck zugrunde lag, hinterfragen.

Neue Erfahrungen sind wichtig, um die starren Denkmuster aufzubrechen. Sie füllen Lücken, die andere Menschen nicht kennen.

Erfahrungen führen zu Selbstbewusstsein und Mut. Und sie sehen, dass nichts so heiß gegessen wird, wie es gekocht wird.

Und immer, wenn unsere Kinder nach fünf Minuten aufhören wollten oder ihnen etwas nicht schmeckte, hielten wir unser Versprechen. Dadurch bauten wir Vertrauen auf und dieses Vertrauen ist unglaublich wichtig, wenn es um Angst geht.

Ich war glücklich darüber, dass Bobby oft den ganzen Teller aufaß, obwohl wir nur drei Bissen ausgemacht hatten. »Das ist eigentlich ganz gut«, meinte er dann.

Ich versuchte, nicht selbstgefällig zu grinsen.

Und wenn der Ball einmal ins Rollen gekommen ist, wird es immer leichter, sie zu überzeugen.

»Kannst du dich daran erinnern, als du das nicht probieren wolltest? Und dann hast du es probiert und es war richtig gut? Glaubst du nicht, dass es dieses Mal auch so sein könnte?«

Ich begann, Bobby zu bitten, seine Angst einzuschätzen. Dann, als er es probierte, bat ich ihn wieder, seine Angst einzuschätzen. Wir sprachen über die Differenz zwischen den Einschätzungen und seine Gefühle dabei.

Als Bobby in der ersten Klasse der Grundschule war, hasste er es, seine Schuluniform anziehen zu müssen. Er machte bei Schulveranstaltungen nur dann mit, wenn der Assistenzlehrer ihm Nummern auf sein Kostüm nähte. Als er einmal einen Hirten beim Krippenspiel spielte, nahm er das sehr ernst. Oberhirte.

Am Anfang sprach er bei solchen Veranstaltungen gar nicht, dann bekam er ein, zwei Sätze. Am Ende seiner Grundschulzeit verabschiedete er sich von jedem Einzelnen in der Klasse.

Bobby einen Ausweg aufzuzeigen machte ihn flexibler. Genauso, wie er nicht immer seinen Gehörschutz trägt. Es reicht, dass er neben ihm liegt, für den Fall, dass er ihn braucht.

Wir wollen Meltdowns auf jeden Fall vermeiden und unsere Kinder wollen das auch. Wenn wir uns dafür aber immer aus einer Situation zurückziehen, dann werden unsere Kinder nichts anderes lernen. Deshalb sollten wir ihnen eine gute Alternative anbieten.

Das erforderte Planung. Der Assistenzlehrer markierte Bobby zum Beispiel immer genau, wo er stehen musste, und gab ihm genaue Anweisungen (den anderen Kindern wurde gesagt, sie dürften auf keinen Fall auf Bobbys Markierung stehen). Er durfte gehen, wenn er wollte. Sein Pikachu durfte er auf die Bühne mitnehmen – das stand nie zur Debatte. Und zwar auch, als die ganze Klasse Luftgitarre spielte. Bobby hatte sein Pikachu unter dem Arm und spielte mit (obwohl er eher Luftbanjo gespielt haben dürfte).

Und jeder Erfolg führte zum nächsten.

Im Sommer, als Bobby zehn Jahre alt war, ging er mit seinem besten Freund Michael (Name von der Redaktion geändert), der kein Autist ist, zum Fernsehstudio der BBC in Manchester. Als die Kinder schließlich selbst eine Show moderieren durften, meldete Michael sich sofort. Deshalb meldete sich auch Bobby.

Ich hatte mehr als nur ein beklemmendes Gefühl, als sie sich an den Moderatorentisch setzten und ihnen erklärt wurde, wie man vom Teleprompter abliest. Die beiden sahen nervös aus. Bobbys Körpersprache rief: »Hilfe! Ich habe gleich einen Meltdown!«

Er hatte zu diesem Zeitpunkt schon gelernt, wie er sich selbst gut zureden und seine Reaktionen besser unter Kontrolle halten konnte. Ich musste ihm vertrauen. Und seinen besten Freund neben ihm zu haben, schien ihn auch zu entspannen. Michael wusste instinktiv, was zu tun war, wenn Bobby Angst zeigte. Er hatte ein Gespür dafür. Michaels Mutter nennt Bobby »Michaels Bruder von einer anderen Mutter«.

Der Countdown begann und für einen kurzen Augenblick sah es so aus, als würde Bobby gleich zusammenbrechen. Dann gingen sie »live« (nicht wirklich) und er war wie verzaubert. Sie lasen gemeinsam enthusiastisch vom Teleprompter ab. Die fachmännischen Blicke, die sie austauschten, waren unbezahlbar. Wir haben ein Foto von den beiden,

Bobbys Hand auf Michaels Schulter, als wolle er sagen: »Gut gemacht, Kumpel!«

Wenn er das schafft, dachte ich damals, dann schafft er alles. Und das sagte ich ihm auch.

Bobby kann mittlerweile in einer Aula voller fremder Schüler stehen und von seinen Erfahrungen in der Unterstufe berichten. Und das als Autist.

Er ist so weit gekommen, und zwar nur mit ein bisschen Selbstbewusstsein und vielen Fluchtwegen.

»Nein« bedeutet aber manchmal auch einfach »Nein« und das müssen wir respektieren.

Eine andere Strategie, die ich gegen starre Denkmuster entwickelt habe, ist, einen Plan B zu entwerfen.

Das Leben ist nicht perfekt. Manchmal kommen uns Dinge in die Quere. Aber wenn wir verzweifeln, wenn etwas nicht so kommt wie geplant, verstärken wir die starren Denkmuster unserer Kinder nur. Wir haben Bobby das Konzept des Kompromisses beigebracht.

Tut mir leid, meine lieben Kleinen, aber wir können die Welt nicht vollkommen vorhersehbar machen. Was wir aber tun können, ist, euch zu helfen, durch eine nicht vorhersehbare Welt zu navigieren.

Ich sage nicht, dass es leicht ist. Aber es gibt zwei Möglichkeiten, auf eine Situation zu reagieren. Nehmen wir an, es ist nur mehr eine Scheibe Toast da, obwohl Bobby normalerweise zwei zum Frühstück isst.

Bobby wird das ganz sicher mit barschem Ton ansprechen.

Ich will natürlich nicht, dass er einen Meltdown hat, ich will nicht, dass er den ganzen Tag angespannt ist. Ich verstehe, dass seine starren Denkmuster schwer aufzubrechen sind, dass es eine Abweichung von seiner Routine darstellt.

Ich weiß, dass ich sofort ins Auto steigen werde, zum Supermarkt fahre und Toastbrot kaufe.

Nein, das tue ich ganz sicher nicht!

Ich habe das in der Vergangenheit getan, aber mittlerweile hat er gelernt, Alternativen zu finden.

Wir können ihnen also beibringen, was sie tun können, wenn es nicht nach Plan läuft.

Im Großen und Ganzen ist Toastbrot nicht wichtig für Bobbys Zukunft. Eine Toastbrotknappheit ist daher eine ideale Gelegenheit, flexibles Denken zu üben.

»Was könnte das Toastbrot für dich ersetzen?«

Sie sagen vielleicht: »Mein Kind würde das nicht akzeptieren. Es hätte sofort einen Meltdown.«

Das gilt vielleicht am Anfang. Gut mit Meltdowns umzugehen und ihnen beizubringen, ruhig zu bleiben, verändert aber auf lange Sicht, wie sie auf solche Situationen reagieren. Und wir können damit dort anfangen, wo es am leichtesten geht.

Was würde passieren, wenn wir nur eine Scheibe Toast, aber auch ein Milchbrötchen auf den Teller legten? Das könnte funktionieren!

Nach jahrelanger Übung in flexiblem Denken geht Bobby nicht nur besser mit solchen Situationen um, er denkt sogar selbst über einen möglichen Plan B nach, wenn das Toastbrot aus ist. Enttäuschung hat viel weniger Auswirkung auf ihn als früher.

Als sein Freund krank war und nach der Schule nicht mit uns nach Hause fahren konnte, meinte Bobby: »Tja. Dann wird er wohl wann anders vorbeikommen müssen.«

Das ist das Resultat jahrelangen Plan-B-Übens. Glauben Sie mir, diese Enttäuschungen hatten früher nervliche Super-GAUs zur Folge (oder zumindest ein stundenlanges Herumliegen auf dem Boden). Aber Übung und Reife machen viel aus.

Wann immer Bobby flexible Denkmuster zeigt, gratulieren wir ihm und sagen ihm, wie toll sein Kompromiss ist. Ich finde es wichtig, ihm zu zeigen, dass wir wissen, dass ihm das nicht leichtfällt.

Es ist nicht alles ein Desaster, nur, weil unsere Kinder sagen, dass es eines ist. Wenn wir ihren Reaktionen nachgeben, dann vergrößern wir einige ihrer größten Probleme noch.

Das bedeutet nicht, dass wir nicht anerkennen, dass Denken in starren Mustern zu Autismus einfach dazugehört und Veränderungen sie enorm herausfordern. Ich würde mich nie über ihr Bedürfnis nach Gleichförmigkeit mokieren, denn es gibt ihnen emotionale Sicherheit.

Wir können autistischen Menschen aber zeigen, dass es mehr als nur eine Möglichkeit gibt, auf Situationen zu reagieren.

Neulich flatterte Alec stark mit den Armen, als ich einen anderen Weg von der Schule nach Hause nahm als sonst. Ich erkannte, dass ich seine starren Denkmuster verstärkt hatte, indem ich jeden Tag dieselbe Strecke fuhr. Deshalb fahren wir jetzt immer wieder auf verschiedenen Strecken zur Schule. Ich sage ihm vorher, welche wir nehmen.

»Heute fahren wir auf der Autobahn, Alec.«

»Heute biegen wir rechts ab, Alec, wir fahren also nicht auf die Autobahn.«

Etablieren Sie aber eine vorhersehbare Routine für zu Hause. Dieser Ort sollte für Ihre Kinder sicher und stabil sein. Es sollte sich nicht so anfühlen, als wäre alles ein einziges, unvorhersehbares Chaos. Aber es hilft, hin und wieder Kleinigkeiten zu verändern. Brechen Sie also die starren Denkmuster auf – schmieren Sie nicht immer Marmelade auf den Toast. Sitzen Sie im Kaffeehaus nicht immer am selben Tisch. Verändern Sie kleine, unwichtigere Dinge, um die starren Denkmuster aufzubrechen.

Was steckt hinter diesen Denkmustern? Warum sind sie so starr?

Diese Starrheit ist ein Schlüsselaspekt autistischen Denkens und offenbar kann es einem niemand wirklich erklären. Manchmal sagen die Leute, es liege an fehlender Fantasie, manche meinen, es sei fehlende Flexibilität oder der Zwang, alles immer wieder zu wiederholen. Aber woran liegt es wirklich?

Ich möchte an dieser Stelle etwas sagen, das ich schon einmal gesagt habe. Wenn wir Autismus nicht verstehen, dann können wir ihn auch nicht erklären.

Autismus ist nicht einfach. Ich weiß das. Aber es muss doch einen einfachen Begriff geben, den andere Menschen verstehen können.

Wie ich in Kapitel 2 (S. 23) schon sagte, gibt es neue Definitionen von Autismus. Dabei geht es jetzt um zwei Hauptkategorien: soziale Interaktion (Sprache und Kommunikation) und wiederholtes, einschränkendes Verhalten.

Wiederholtes oder einschränkendes Verhalten kann ganz einfach erklärt werden. Man muss es als Symptom verstehen, das durch fehlendes flexibles Denken verursacht wird.

Weil autistische Gehirne viele kurze Nervenfaserverbindungen haben, aber nur wenige lange, fehlt ihnen Flexibilität. Sie sehen Details, können aber nicht generalisieren.

Es geht um den Unterschied zwischen dem, was ist, und dem, was sein könnte. Normalerweise sieht das Gehirn Strukturen und kann ähnliche Situationen miteinander in Verbindung bringen, sodass wir uns das, was sein könnte, vorstellen können. Die verschiedenen Gehirnareale kommunizieren miteinander. Das bedeutet, dass wir flexibel denken können.

Das bedeutet aber nicht, dass autistische Menschen keine Fantasie haben. Neue Ideen haben nicht zwingend etwas mit Vorstellungskraft zu tun, Autisten haben hier keine Probleme. Es geht nur um die Schwierigkeit, sich in etwas hineinzuversetzen.

Als Bobby mit drei Jahren seinen Diagnosetest hatte, tat einer der Ärzte so, als sei ein Holzklotz ein Flugzeug, und ließ ihn durch die Luft »fliegen«. Bobby sah ihn an, als sei er verrückt geworden. Ein Holzklotz ist doch kein Flugzeug. Er ist ein Holzklotz. Auf diese Verrücktheit ging Bobby nicht ein.

Sie denken konkret, nehmen alles wörtlich. Sein Gehirn kann solche Verbindungen nicht ziehen, aber es sieht Details besonders gut. Der Vorteil dieser Gehirnstruktur ist, dass Bobby verdammt gut in einem Beruf wäre, in dem er Fehlprogrammierungen in Spielen aufspüren müsste.

Die Fähigkeit des flexiblen Denkens macht neue Situationen für uns erträglich. Wir nehmen es als gegeben hin.

Wenn wir einer neuen Situation gegenüberstehen, dann nehmen wir unterbewusst alle Erfahrungen zusammen, die wir in ähnlichen Situationen gemacht haben. Wir fassen diese Informationen zusammen und schicken sie ins Hauptzentrum, ins Gehirn. Dieses wiederum sagt uns dann, wie wir uns verhalten sollen.

Das alles dauert nicht einmal eine Sekunde. Aber es setzt lange Nervenfaserverbindungen voraus. Es geht nicht nur ums Gedächtnis, sondern darum, Erinnerungen miteinander in Verbindung zu bringen, also: zu generalisieren.

Bei Autisten funktioniert dieser Prozess nicht richtig. Es ist, als sei das autistische Gehirn ein Orchester ohne Dirigenten. Die Solisten spielen großartig, aber das Orchester schafft es alleine nicht, Harmonie zu erzeugen.

Die Angst vor dem Neuen oder Unbekannten ist die Hauptursache von Stress, Angst und Nervosität. Bei dem zu bleiben, was sie gewohnt sind (also zu wiederholen), ist eine Überlebensstrategie. So kompensieren sie fehlende Flexibilität.

Sie werden also sehr oft ein Nein hören.

Fehlende Flexibilität sticht Ihnen sicherlich ins Auge, wenn Sie mit einem Autisten zusammenleben. Für Bobby waren Übergangszeiten immer sehr schwer, anfangs wusste er nicht, was er tun sollte. Warum war es für ihn so schwer, sich an eine neue Situation zu gewöhnen?

Natürlich wurde mir, wie vielen anderen Eltern auch, gesagt, ich solle meine Kinder warnen, bevor sich etwas verändert. Wir warnten Bobby mit einem Countdown, mit Worten und Gesten. Wir kauften Uhren mit Countdown-Funktion und Sanduhren, um unserem Sohn ein Verständnis von Zeit zu geben. Visuelle Repräsentationen von Zeit funktionierten besser, als ihm zu sagen, wie viele Minuten vergangen waren.

Das funktionierte großartig. Viele Techniken zeigen nicht sofort Wirkung, aber hier sahen wir sofort, dass Bobby Warnungen brauchte.

Wir gewöhnten uns schnell daran und bald wurde es Teil unseres Alltags. Wir müssen nicht mehr darüber nachdenken. Wenn wir ausgehen, Bobby baden oder ins Bett gehen soll, dann warnen wir ihn dreißig, fünfzehn und fünf Minuten, bevor es Zeit wird. Es ist ein Faden, der in den Stoff unseres Alltags eingezogen wurde. So ist es, mit einem Autisten zusammenzuleben: Was sich am Anfang seltsam anfühlt, wird bald normal.

All diese kleinen Dinge halfen, dass Bobby sich entspannen konnte. Und durch diese Entspannung ist sein Gehirn nicht ständig darauf eingestellt, überleben zu müssen. Er ist flexibler.

Noch eine Strategie, die unglaublich viel geholfen hat, war eigentlich gar nicht als solche gedacht. Tatsächlich erkannten wir damals gar nicht, dass wir dazu beitrugen, dass Bobby flexibler wurde.

Humor. Ein ausgeprägter Sinn für Humor ist unabdingbar, um nicht wahnsinnig zu werden. In den letzten Jahren gab es Momente, in denen Gavins Humor dafür sorgte, dass ich lachte, anstatt zu weinen. Solange zumindest einer von Ihnen beiden lachen kann, können Sie die Situation meistern.

Als Bobby zehn Jahre alt war, stürmte er schreiend durch die Haustür und lief sofort auf sein Zimmer. Ein müde wirkender Gavin erklärte mir, dass er Bobby soeben gesagt hatte, dass sein Nintendo 3DS repariert werden musste. »Er scheint es gut aufgefasst zu haben«, meinte ich und wir beide lächelten. Wenn einer von uns unter Druck steht, versuchen wir, einander aufzuheitern. Fünf Minuten später hatte

Bobby das verarbeitet – seine Stimmungen sind manchmal wie eine Achterbahn – und ich konnte ihn davon überzeugen, dass sein Nintendo 3DS in Urlaub fuhr.

Nicht nur Eltern brauchen diesen Sinn für Humor. Witze zu verstehen (und über sich selbst lachen zu können) ist für Kinder mit Autismus eine großartige Übung in flexiblem Denken. Tatsächlich ist es eine der besten Übungen, wie ich finde. Natürlich ist ein ausgeprägter Sinn für Humor auch für Autisten gesellschaftlich von Vorteil.

Humor ist so wichtig, dass ich vielleicht sogar ein zweites Buch darüber schreibe. Also wenn ich mich vom ersten erholt habe.

Wenn man autistisch ist, dann ist direkter Humor am lustigsten. Denken Sie an Slapstick. Der Witz ist klar ersichtlich. Alec findet es lustig, wenn man die Stimme verstellt oder ihn kitzelt. Bobby mag es, wenn sich in Cartoons die Figuren anschreien oder tollpatschig sind.

Gestern verbrachte Bobby eine halbe Stunde damit, sich eine Show in Disneyland anzusehen. Hexen, die über ihre Umhänge stolpern, fliegende Teppiche, die in der Luft stecken bleiben, einer der sieben Zwerge, der von einem Wagen fällt. Ich muss sagen, ich fand es auch ziemlich lustig (natürlich nur, als klar war, dass der Zwerg sich nicht verletzt hatte).

Ich fand es lustig.

Ein Mal.

Nicht zehn Mal.

Aber ein autistisches Gehirn langweilt sich nicht so schnell.

Wenn ich über meinen eigenen Humor nachdenke, dann merke ich, dass ich Sarkasmus und Übertreibung am lustigsten finde. Sarkasmus ist, das Gegenteil von dem zu sagen, was man meint, Übertreibung ist ebenfalls nicht sonderlich gut für jemanden, der Sprache wörtlich nimmt.

Bobby zeigte heute beim Abendessen seine Muskeln und fragte: »Sehe ich stark aus?«

»Ja, Mr. Universum!«, antwortete Gavin.

Abgesehen davon, dass diese kulturelle Referenz aus dem Jahr 1975 stammt und auf Arnold Schwarzenegger anspielt, enthielt die Aussage auch Sarkasmus. Bobby korrigierte ihn: »Nein, ich bin Mr. Elley.«

Meistens braucht es für Humor flexibles Denken, nicht gegenständliches. Es ist also nicht überraschend, dass autistische Kinder unseren Humor oft nicht verstehen.

Das bedeutet aber nicht, dass sie keinen Sinn für Humor haben. Es ist nur, hm … wie erkläre ich es am besten? In der Grundschule kam ein neues Kind in Bobbys Klasse. Bobby freundete sich schnell mit ihm an. »Ich mag David« (Name von der Redaktion geändert), sagte er.

»Das ist schön. Wieso magst du ihn denn?«

»Er kann Furzgeräusche machen.«

Das meine ich.

Und auch wenn es anstrengend ist, kann es sich lohnen, subtilere Witze zu erklären. Ich sehe unser Zuhause als Übungsplatz für die große, weite Welt an. Wir können ihm Dinge erklären, für die er sonst keine Erklärung bekäme. Wir können Witze zurückspulen und langsam wiedergeben. Wir können Unterhaltungen besprechen.

Ich bin wahnsinnig stolz, dass ich Bobby Sarkasmus beigebracht habe. Das kann ich natürlich nicht ganz allein für mich beanspruchen – Gavin ist auch ein sehr sarkastischer Mensch.

Wir hätten natürlich auch einfach einsehen können, dass Bobby Sarkasmus nicht versteht und ihn damit verschonen können.

In der echten Welt verschonen andere Kinder ihn aber nicht mit einer bestimmten Art von Humor nur, weil er ihn nicht versteht. Der echten Welt sind solche Schwierigkeiten egal.

Ich möchte natürlich, dass die Welt Bobby akzeptiert, und finde, dass andere Menschen verstehen sollten, wie es ist, Autismus zu haben. Trotzdem glaube ich, dass Bobby auch auf die Welt zugehen muss. Ich möchte nicht, dass er sich unwohl fühlt, weil er eine Unterhaltung nicht ganz versteht.

Zuerst verstand er Sarkasmus gar nicht. Er nahm uns absolut wörtlich und war verwirrt.

Dann erklärte ich ihm die Grundlagen. »Sarkasmus ist, wenn du das Gegenteil von dem sagst, was du meinst, weil es lustig ist und du es in einer bestimmten Tonart sagst.« Dann demonstrierte ich die Tonart.

Ich verwendete absichtlich viel Sarkasmus (was mir nicht schwerfiel) und fragte dann: »Welche Art von Humor war das jetzt, Bobby?« Er dachte darüber nach und sagte dann: »Sarkasmus?« Ich gab ihm ein High-Five.

Dann gab ich ihm nur noch einen kleinen Hinweis. (»Bobby, hab ich das jetzt so gemeint?« »Uhm, nein, das war *Sarkasmus?!*«)

Schließlich verstand Bobby Sarkasmus ohne Hinweis und fragte nur: »War das jetzt Sarkasmus?«

Jetzt, da er Sarkasmus versteht, sagt er nur: »Oh haha, Sarkasmus!«

Er verwendet diese Art von Humor sogar selbst. Ich fragte ihn einmal, ob ich eines oder zwei seiner Jelly Beans haben könne (die er nie isst, er sieht sie nur an) und nahm eine ganze Handvoll in den Mund.

»Ach, nimm dir nur meine Süßigkeiten. Das finde ich toll.«

Ich verschluckte mich fast vor Glück.

Gavin mag es, Gegenstände zu personifizieren. Das hat er schon immer gemacht. Er tut so, als sei er der Kuckuck in unserer Kuckucksuhr (»Warum habt ihr mich die ganze Zeit eingesperrt?«), oder tut so, als sei er unsere Katze (»Ich habe geschnurrt. Jetzt gibt mir das verdammte Essen«).

Einmal, als Bobby auf dem Rücksitz des Autos saß, stellte er begeistert fest, dass die Sonne und der Mond zur selben Zeit am Himmel waren. Gavin begann, so zu tun, als stritten die beiden miteinander darüber, wer jetzt am Himmel sein darf.

Bobby kicherte die ganze Zeit vor sich hin und stachelte ihn an.

Bobby: »Was sagt die Sonne?«

Gavin: »Die Sonne sagt: ›Hey! Verschwinde! Ich bin noch dran!‹«

Bobby: »Hahahaha. Was sagt der Mond?«

Gavin: »Der Mond sagt: ›Nein, verschwinde du! Jetzt ist Nacht. Schau auf die Uhr!‹«

Bobby lachte und spielte dann einen Stern, der versuchte, die Situation aufzuklären.

Nachher dachte ich mir: »Wahnsinn! Diese kleine Geschichte hat Bobby wahnsinnig dabei geholfen, sich in andere hineinzuversetzen.«

Weil das, worüber wir scherzten, keine anderen Menschen waren, konnten wir uns alles Mögliche vorstellen. Es gab keine Fehler. Wir machen diesen Scherz bis heute und ich glaube, es hat Bobby sehr geholfen.

Bobby dabei zu helfen, unseren Humor zu verstehen, anstatt unseren Humor zu verändern, hat ihm auch unglaublich dabei geholfen, mit anderen Menschen zu interagieren.

Ich verwende Humor auch, um stressige Situationen durchzustehen, indem ich ihm die lustige Seite einer Situation aufzeige.

Als Bobby in die Unterstufe kam, war er noch nicht an Turnunterricht gewöhnt. In der Grundschule machte er bei einem Programm mit, bei dem man gärtnern konnte, sodass er nicht mit anderen Kindern spielen musste. Das blieb ihm in der Unterstufe aber nicht erspart.

Ich wusste aber, dass Sportunterricht für Bobby schwer werden würde, weil er nicht gut auf andere Menschen reagieren kann.

Ich sagte zu Bobby: »Sportlehrer befehlen Dinge. Sie machen das einfach. Lauf hierhin! Spring! Macht dies! Mach jenes! Pass auf den Ball auf! Trillerpfeife – Piiiiiiiiieeeeeeep!« Bobby lachte. Ich sagte: »So war das auch, als ich noch in die Schule ging. Möchtest du zählen, wie oft dein Sportlehrer etwas befiehlt, und mir dann die Zahl sagen?«

Weil er eine Aufgabe hatte und sich an unseren Witz erinnerte, vergaß er, dass Befehle stressig sein können.

Witze haben die Macht, alles weniger schlimm wirken zu lassen. Sie sind wie eine goldene Rüstung. Sie sind Überlebensstrategie, sowohl für uns als auch für unsere Kinder

Es sollte dafür Workshops geben.

Ich würde ja einen leiten, aber ich muss ein Buch schreiben.

13 Wehret den Anfängen!
Meltdowns verhindern

Mit acht Jahren, am Abend vor dem Geburtstag der Zwillinge. Bobbys Cousins singen »Happy Birthday«.

»Tut mir leid, mein Geburtstag ist erst morgen.«

Nichts löst so sehr das Verlangen nach fünf Schokoladetafeln aus wie ein Meltdown.

Bobby durch seine Meltdowns zu helfen und ihm zu zeigen, wie er Ruhe bewahren kann, war eine der wichtigsten Lektionen im Kurs »Echte Welt für Autisten«. Sie wissen schon: der Kurs, in dem die Kinder uns etwas beibringen müssen, aber nicht erklären können, was sie meinen.

Wir haben schon lange kein Missverständnis mehr aufgelöst und ich liebe es, das zu tun, also beginnen wir dieses Kapitel damit.

Dieses sogenannte »schwierige« Verhalten ist kein Symptom von Autismus.

»Schwieriges« Verhalten ist eine Reaktion auf eines von zwei Dingen:

- ein schwieriges Umfeld
- die Unfähigkeit, sich zu beruhigen, wenn es schwierig wird

Ein schwieriges Umfeld kann alles bedeuten: sozialen Stress, Druck in der Arbeit, Menschenmengen, Lärm, generelle sensorische Überlastung … eigentlich alles, was das System auf Alarmstufe Rot stellt.

Als Bobby noch klein war, war ich zu sehr damit beschäftigt, ihn davon abzuhalten, den Kopf gegen die Tür zu schlagen, als dass ich mich fragen konnte, was sein Problem war.

Alec hatte weniger Probleme. Alec war ein Mensch, für den alles schon irgendwie in Ordnung ging.

Beide sind Autisten, aber einer von ihnen hatte schwere Aggressionsprobleme. Zumindest sah ich das so.

Und dann kommen unglaublich hilfreiche Menschen, die einem erklären, dass ein Meltdown eigentlich nur ein netter Ausdruck für Autisten ist, die einen Ausraster haben.

Ein Ausraster ist das, was ein nichtautistisches Kind macht, um seine Eltern zu manipulieren, etwas Bestimmtes zu tun. Sie erinnern sich noch an die Theory of Mind? Das ist das Wissen, dass in Ihrem Kopf nicht dasselbe wie in meinem ist. Da autistische Kinder das nicht haben, können sie andere Menschen auch nicht manipulieren.

Ein Kind, das ausrastet, hat Kontrolle darüber, wann es wieder aufhört. Ein Kind, das einen Meltdown hat, hat keine Kontrolle über seinen Körper – der Stress hat überhandgenommen.

Das ist für das Kind genauso unangenehm und ermüdend wie für uns, aber es hat keine Kontrolle darüber.

Ein Meltdown ist eine Reaktion des Körpers, wenn er emotional oder physisch überfordert ist.

Sollte jemand Sie verurteilen, weil Ihr Kind einen Meltdown hat, dann sollte dieser Jemand sofort den Mund halten. Eine gute Möglichkeit, damit umzugehen, ist, »Halten Sie den Mund!« zu sagen. Eine höflichere Möglichkeit ist: »Mein Kind hat einen Meltdown, weil sein Nervensystem überladen ist. Das liegt an seinem Autismus und sowohl mein Kind als auch ich würden Ihr Schweigen sehr schätzen.«

Oder Sie ignorieren sie einfach. Wie ich schon gesagt habe: Wen interessiert es, was andere denken?

Ein Kind, das ausrastet, hat Kontrolle darüber, wann es wieder aufhört. Ein Kind, das einen Meltdown hat, hat keine Kontrolle über seinen Körper – der Stress hat überhandgenommen.

Nicht alle autistischen Menschen haben Meltdowns. Alec hat keine. Veränderung stresst ihn, aber er kommt damit zurecht, indem er sich in sich selbst zurückzieht (was man manchmal als »Shutdown«, also als »Abschalten«, bezeichnet). Wenn es ihm zu viel wird, dann sucht er sich etwas, mit dem er herumfummeln kann. Er konzentriert sich darauf und kann deshalb die Welt um ihn herum vergessen.

Unser Freund Tim tut das auch. Mehr noch, seine Sinne schalten sich tatsächlich ab, wenn er unter Stress steht. Er sieht nichts mehr und hört auch nichts mehr. Er verliert jegliche Orientierung und sein Gehirn wechselt in den Überlebensmodus.

Meltdowns kommen oft daher, dass sich Stress aufbaut, weil man sich »zusammenreißen« muss. Das ist auch der Grund dafür, dass Eltern nichtautistischer Kinder oft sagen, dass ihre Kinder gut in der Schule sind, aber zu Hause ein wahrer Horror. Es kostet sie viel Kraft, diesen Druck, sich anpassen zu müssen, zu spüren.

Ich habe durch Erfahrung gelernt, mit Meltdowns umzugehen. Erklärt hat es mir niemand. Als es das erste Mal passierte, verstand ich die Verbindung zu Autismus noch nicht.

Es wäre nicht schwer gewesen, mir Meltdowns zu erklären. Deshalb tue ich das jetzt für Sie. Irgendjemand muss es ja tun.

Wegen der starren Denkmuster, die wir vorhin besprochen haben, reagieren autistische Menschen schlecht auf Druck und Veränderung.

Ihre Vorstellung von Druck und Veränderung ist ganz anders als unsere.

Im Prinzip braucht es weniger, um sie aufzuregen, und sie brauchen länger, um sich wieder zu beruhigen.

Sie haben auch Probleme damit, zu identifizieren, was sie gerade fühlen, und können daher nicht instinktiv nach Bewältigungsstrategien suchen.

Deshalb: Meltdown. Blaulicht und Sirene können ausreichen, um Ihr Kind wie ein aufgescheuchtes Reh durch das Haus laufen zu lassen.

Wenn wir bei Konferenzen über Autismus sprechen, illustrieren Tori und ich Meltdowns mit zwei Flaschen.

»Autistische Menschen«, sagen wir dann, »sind wie Limonade, nichtautistische wie stilles Wasser.«

Limonade hat Kohlensäure, das bedeutet, dass sie immer irgendwie brodelt. Wenn man die Limonadenflasche zu lange schüttelt, explodiert sie.

Das autistische Gehirn hat stets viel Hintergrundaktivität. Wie Limonade. Wenn sie zu sehr aufgeregt werden, braucht es nicht viel, um sie explodieren zu lassen.

Wenn wir das demonstrieren, ist es wichtig, dass die Flasche richtig verschlossen ist. Das hat einmal nicht funktioniert. Sie wissen ja mittlerweile, wie tollpatschig ich bin.

Dann nehmen wir eine Flasche Wasser und schütteln sie ebenfalls. Das nichtautistische Gehirn ist zwar auch aufgewühlt, beruhigt sich aber schnell wieder.

Die Limonade braucht lange, um sich wieder zu beruhigen.

Die Kombination aus »Kohlensäure« und wenig Selbstbeherrschung führt dazu, dass autistische Kinder der Reaktion ihres Körpers hilflos ausgeliefert sind.

Wir sprechen hier von einem Menschen, dessen Gehirn unter Stress viel zu viel verarbeiten muss *und* nicht die Fähigkeit dazu hat, sich selbst zu beruhigen.

Was wir tun können, ist, das Umfeld so anzupassen, dass die Limonade nicht geschüttelt wird.

Am besten ist es, wenn Sie für Ihr Kind ein ruhiges Zuhause schaffen, sodass die Limonade immer einen Rückzugsort hat.

Sie können Ihr Kind auch auf Veränderungen vorbereiten. Wenn wir bei Konferenzen über »erzieherischen Erfolg« sprechen, zeigen wir gerne eine PowerPoint-Folie, auf der »Vorbereitung, Vorbereitung, Vorbereitung« steht.

Wenn sich etwas verändert, schreibe ich Alec und Bobby Social Stories™. Social Stories™ wurden von Carol Gray erfunden und folgen einem bestimmten Aufbau. Sie sollen Kinder auf eine neue Situation so vorbereiten, dass sie sie nicht als bedrohlich wahrnehmen. Dafür nehmen sie die Perspektive eines Kindes ein und betonen die positiven Aspekte.

Es gibt viele Bücher über Social Stories™ und auch bei AuKids können Sie mehr über sie erfahren. Und es gibt auch spezielle Workshops. So habe ich mehr darüber gelernt. »Das neue Social Story™ Buch« von Carol Gray ist aber ebenso großartig.

Viele Warnungen, Fotografien und Symbole (die leichter zu verstehen sind als verbale Sprache) können ein unruhiges Gehirn wirklich entspannen.

Schon in Kapitel 8 (S. 84) habe ich erklärt, wie ich mit Alec kommuniziere und dass ich Fotografien und Symbole verwende, um ihm Dinge verständlich zu machen. Er ist mittlerweile daran gewöhnt und weiß, dass Veränderung ansteht, wenn ich mit neuen Bildern anrücke.

Countdowns sind ebenfalls sehr praktisch. Sie können dafür spezielle Uhren kaufen oder sich eine App herunterladen. Es funktioniert, weil es das Ablaufen der Zeit visualisiert. Das macht Zeit nicht nur begreiflich, sondern gibt Ihrem Kind auch einen Anhaltspunkt. Außerdem: Hey, nicht ich sage, dass du deinen Rucksack packen musst, sondern die Uhr. Bis Bobby sieben Jahre alt war, waren diese Uhren meine Lebensretter.

Und jetzt zur zweiten Strategie für den Umgang mit Meltdowns. Die wird Ihnen gefallen.

Bleiben Sie ruhig.

Ha, ha, ha.

Hey, ich behaupte nicht, dass es einfach ist. Manchmal drehe ich innerlich richtig durch, aber ich habe gelernt, es nicht zu zeigen.

Ich habe eine kleine Regel für mich aufgestellt. Ich darf mit strenger Stimme sprechen, ich darf auch mit einer Stimme sprechen, die sagt, dass ich es ernst meine, aber ich darf nicht schreien. Nicht, wenn ich nicht die nächsten 24 Stunden mit einem Meltdown zurechtkommen möchte.

Sie müssen dabei nicht perfekt sein. Niemand ist perfekt. Aber mehr als alles andere hilft es, ruhig zu bleiben. Und nicht nur, dass es Wirkung bei meinen Kindern zeigt – ich habe das Gefühl, die Situation besser unter Kontrolle zu haben.

Bobby hat meine Ruhe über die letzten Jahre wie ein Schwamm aufgesaugt. Er verwandelte sich von einem den Kopf gegen die Wand schlagenden Nervenbündel zu einem ruhigen Jungen, der sagt: »Mama, du wirkst, als würdest du gerade die Nerven verlieren. Vielleicht solltest du tief einatmen.«

Seine Stimmung kann von einem Moment zum anderen von seelenruhig in einen brodelnden Vulkan umschlagen. Aber diese Umschwünge sind selten geworden und dauern nicht mehr lange.

Unterschätzen Sie also nicht die Kraft Ihrer Ruhe. Wenn ich einen Zauberstab hätte, mit dem ich mir einen Wunsch erfüllen könnte, dann wäre es dieser: Eltern autistischer Kinder sollen nicht schreien.

Sie haben vielleicht schon bemerkt, dass Notärzte nicht ins Telefon schreien, wenn Sie anrufen.

Wenn Sie einen Notfall haben, wären Sie sicher überrascht, wenn der Notarzt sagte: »*Um Himmels willen!* Sie sind die Treppe heruntergefallen? Oh nein!«

Tatsächlich werden sie darauf trainiert, das *nicht* zu tun, weil sie wissen, dass die Art und Weise, wie sie mit einem Patienten sprechen, die Situation verbessern oder verschlimmern kann. Es hat große Auswirkung darauf, wie ruhig der Patient bleibt und wie klar er denkt.

Aber mehr als alles andere hilft es, ruhig zu bleiben. Und nicht nur, dass es Wirkung bei meinen Kindern zeigt – ich habe das Gefühl, die Situation besser unter Kontrolle zu haben.

Wenn Sie einen Meltdown erleben, dann stehen Sie inmitten eines emotionalen Notfalls. Glauben Sie mir, die Notarzt-Stimme funktioniert hier am besten.

Wollen Sie wissen, wie ich das gelernt habe?

Ganz einfach: Ich habe es lange falsch gemacht. Wenn Bobby schrie und ich auch schrie, steigerte ich seinen Meltdown ins Unermessliche und es dauerte Stunden, bis er sich wieder beruhigte.

Ich bin kein ruhiger Mensch. Bei mir brennen sogar ziemlich schnell die Sicherungen durch. Zumindest war das so bis ich meine Kinder bekam. Mich darin zu üben, ruhig zu bleiben, hat mich komplett verändert. Ich verliere meine Ruhe nicht mehr, wenn die Welt nicht wirklich vom Untergang bedroht ist.

Wenn die Welt tatsächlich unterginge, würde es wohl auch nichts bringen, sich aufzuregen.

Wenn ich spüre, dass Bobby angespannt ist, weiß ich, dass ich ruhig mit ihm sprechen muss, um ihm den Druck zu nehmen. Was auch immer wir gerade vorgehabt hätten, wir tun es nicht. Wir warten.

Ich halte inne, um die Situation genau zu beobachten. Kann ich das, was ich tun wollte, noch tun, oder ist es zu spät dafür? Wenn es so ist, dann müssen wir schnell unsere Pläne ändern.

Dabei ist es wirklich egal, ob wir gerade in Eile sind. Wenn ich ihn anschreie, dann dauert es doppelt so lange, ihn zu beruhigen.

Wenn er einen Meltdown hat und deswegen zu spät zur Schule kommt, rufe ich an. Ich bringe ihn lieber zu spät, aber ruhig in die Schule statt rechtzeitig und vollkommen überfordert. Und der Schule ist das auch lieber.

Wenn er einen Meltdown hat, kann Bobby sich nicht mehr artikulieren. Die Laute, die er von sich gibt, geben Aufschluss über seine Gefühle, aber sie bedeuten nichts. Ich glaube, weil Bobbys Sprache zuletzt kam, geht sie auch zuerst, wenn Land unter ist.

Wenn er in diesem Zustand ist, fühlt er all die Erwartungen, die er nicht erfüllen kann, all das, was er nicht tun kann, und all die Schwierigkeiten, die ihm seine Andersheit jemals bereitet haben, wie Hagel auf ihn einprallen.

»Ich darf keine Rituale mehr haben! Ich muss perfekt sein! Ich muss die ganze Armee besiegen!«

Früher habe ich auf diese Aussagen reagiert, aber jetzt sage ich ihm nur, dass er ruhig ein- und ausatmen soll. Logik bringt in diesem Zustand nichts mehr.

Dr. Heather MacKenzie brachte mich auf die Idee, Bobby zu sagen, dass er ein- und ausatmen muss und dass ich das mit ihm übe, wenn er ruhig und entspannt ist. Es hilft wirklich, wenn ein emotionaler Sturm losbricht.

Einem autistischen Kind beizubringen, die Signale für einen Meltdown zu erkennen, ist schwer.

Meltdowns erfolgen meistens nicht zu Hause, in aller Ruhe, sondern sind eine Reaktion auf angestaute Belastung. Wenn man diesen Gefühls-Staudamm frühzeitig erkennt, kann man einen Meltdown verhindern.

Es war mir also wichtig, gemeinsam mit Bobby zu erkunden, was ihn unter Druck setzte. Und zwar bevor er Bewältigungsstrategien lernte.

Schon in der Grundschule haben wir für Bobby das Ampelsystem entwickelt. Wenn er spürte, dass er gestresst war, deutete er auf die gelbe Ampel. Später brachten wir ihm auch bei, seine Gefühle noch differenzierter auszudrücken.

Bobby hasste laute Geräusche und wir fanden schnell heraus, dass ein Gehörschutz Wunder wirkte. Er musste ihn nicht einmal aufsetzen, es reichte, wenn er ihn bei sich hatte. Es half ihm, den Tag besser zu überstehen.

Wir sahen also, dass Lärm und Menschenmengen ihn unter Druck setzen. Deshalb baten wir seine Lehrer darum, ihn fünf Minuten vorher in die Mittagspause zu entlassen, sodass er in Ruhe sein Essen aus der Kantine holen konnte.

Fixe Zeiten zu haben, an denen er in Ruhe Computer spielen darf – das beruhigt ihn am meisten –, war ebenfalls wichtig.

Schulen scheinen oft zu glauben, dass man einem autistischen Kind immer mehr zumuten kann, wenn es keine Meltdowns hat. Bis es einen hat.

Ich finde das nicht gut, es zerstört jegliches Selbstbewusstsein.

Wenn ein Autist etwas gut macht, obwohl er unter Stress steht, dann ist das doch großartig. Verlangen Sie nicht noch mehr, sondern lassen Sie Ihrem Kind dieses Erfolgserlebnis.

Bewältigungsstrategien verlangen Ihrem Kind viel ab. Deshalb braucht es jeden Tag auch ruhige Zeiten, Boxenstopps, in denen Sie nichts von Ihrem Kind erwarten.

In der Unterstufe versuchten Bobbys Lehrer immer, ein ruhiges Umfeld für ihn zu schaffen. Sie verstanden, dass manche Dinge ihm mehr abverlangen als anderen Kindern, und versuchten, Pausen zwischen Unterrichtsfächern, die viel von ihm verlangen, einzuschieben.

Und wenn trotzdem ein Meltdown kommt, dann geben Sie Ihrem Kind ein ruhiges Umfeld, um sich wieder zu beruhigen. Manchmal reicht es schon, nichts verarbeiten zu müssen.

Bobby hat Bilder von Dingen, die er gerne mag, in dem Ablagefach unter seinem Tisch. Sie lösen eine Endorphin-Flut in ihm aus, sodass er sich in stressigen Zeiten beruhigen kann.

Ich habe auch Bilder von Dingen, die Alec gerne mag, im Auto. Ich gebe sie ihm, wenn ich merke, dass er unter Stress steht.

Spielzeug, das Ihr Kind sensorisch anspricht, kann auch hilfreich sein. Stressbälle (die Spielzeugtester Alec für unzerstörbar hält) und beschwerte Kissen wirken Wunder, wichtig ist nur, dass es das Nervensystem beruhigt.

Sich auf seine Interessen zu konzentrieren hilft Bobby ebenfalls, sich abzulenken.

Einmal waren wir spät dran und Alec wurde ungeduldig. Mit der Geschwindigkeit einer lethargischen Schnecke zog Bobby sich an. Kurz: Alles war perfekt, um mich aus der Fassung zu bringen.

Was tat ich also? Ich wurde laut, als ich Bobby sagte, er solle sich beeilen. Obwohl ich ganz genau wusste, dass darauf ein Meltdown folgen würde, schrie ich ihn an.

Als wir im Auto saßen, versuchte ich, Bobby zu beruhigen und ihn daran zu erinnern, dass er tief ein- und ausatmet. Aber ich hatte es schon vermasselt. Alles, was ich sagte, ging spurlos an ihm vorüber.

Alec war glücklich darüber, dass wir endlich unterwegs waren, aber in Bobby brodelte der Gefühlsvulkan nicht nur, er spuckte schon. Ich musste versuchen, ihn abzulenken.

»Bobby, ich habe gute Nachrichten. Aber ich weiß nicht, ob ich es dir sagen kann, weil ich nicht weiß, ob du dafür in Stimmung bist.«

»Was?«, rief er, als hätte ich ihm gerade eröffnet, dass sein Pikachu von einer anderen Familie adoptiert würde, *»Was für gute Nachrichten?!«*

»Naja … Die »Digital Kids Show« kommt im November und ich habe zwei Tickets gebucht, damit du hingehen kannst.«

»Oh. Die Digital Kids Show?«

»Ja. Ich habe gesehen, dass sie einige YouTuber eingeladen haben und dass man VR-Brillen ausprobieren kann.«

»Hey, das ist cool. Tut mir leid, dass ich gerade gereizt war.«

Das war's. Vorbei. In zwei Minuten verwandelte sich der spuckende Vulkan in eine ruhige Brandung.

Seine Gedanken mit etwas zu erfüllen, das Bobby wirklich mag, hilft, seine Nerven zu beruhigen.

Ich nehme mir nach Meltdowns immer Zeit, um mit Bobby darüber zu sprechen. So kann Bobby besser verstehen, was ihn aufregt.

Wir setzen uns auf sein Bett und ich nehme ein Spielzeug zur Hand. Mittlerweile kennt er die Regeln: Wenn ich das Spielzeug halte, dann spreche ich, wenn er es hält, dann spricht er. Wir unterbrechen einander nicht.

Das entspannt uns beide. Er weiß, dass ich ihm zuhöre, aber er weiß auch, dass er mir zuhören muss. Wir sprechen über unsere Missverständnisse und auch darüber, was wir tun können, um solche Situationen in Zukunft zu vermeiden. Manchmal schreiben wir sogar einen Plan auf. Wir haben uns daran gewöhnt, über das Denken nachzudenken, über seine kognitiven Prozesse oder wie auch immer man es nennen möchte.

Bobby gibt seine eigenen Antworten.

»Was glaubst du, können wir tun, damit so etwas nicht noch einmal passiert?«

»Ich weiß es nicht.«

»Und wenn du es wüsstest, was wäre es?«

Das funktioniert immer. Mein Lieblings-Selbsthilfe-Coach Dr. Phil McGraw, den ich vorher schon erwähnt habe, hat sie mir beigebracht und sie wirkt jedes Mal.

Wenn wir wirklich nicht weiterkommen, dann sage ich: »Hmmm. Ich habe eine Idee, aber ich würde gerne wissen, was du davon hältst.«

Schlussendlich reicht es, Bobby ein Gefühl für Perspektive zu geben, sodass er nicht alles als Katastrophe wahrnimmt.

Weil wir unsere Kinder beruhigen wollen, stimmen wir in die Weltuntergangsstimmung unserer Kinder mit ein, obwohl es ihnen nicht guttut.

Es hilft, seine Sorgen auf einer Skala von 1 bis 10 zu bewerten und dann darüber zu sprechen. Das hat Bobby dabei geholfen, ein Gefühl dafür zu bekommen, wann es gerechtfertigt ist, sich aufzuregen. Oft hat er keine Ahnung, dass ein Problem, das er mit einer Acht bewertet, für andere Menschen höchstens eine Eins wäre. Seine Sorgen basierten auf falschen Vermutungen.

Eines Abends fühlte ich mich besonders motiviert und schrieb ein paar Szenarien auf, die Bobby Sorgen bereiten könnten. Dann breitete ich sie auf dem Esszimmertisch aus, legte Nummern von eins bis zehn vor ihm hin und bat ihn, seine Sorgen nach ihrer Bedeutung zu ordnen. Dann sprachen wir darüber.

Er sollte sich nicht für seine Gedanken und Gefühle rechtfertigen, sondern ein Gefühl dafür bekommen, dass nicht alle Sorgen mit der gleichen Intensität bedacht werden müssen.

Es half ihm auch dabei, zu verstehen, dass andere Menschen verschiedene Sorgen unterschiedlich bewerten. Was für ihn vielleicht eine Zehn wäre, wäre für mich vielleicht eine Eins. Aber warum? Weil er annahm, dass es fürchterlich sei und ich nicht.

Mit Bobby verwende ich gerne Zahlen. Sie sind konkret, sodass wir sicher sein können, dass wir einander wirklich verstehen.

Und Druck? Druck ist eine Sache der Wahrnehmung und das muss man autistischen Kindern erklären. Es war ein echter Durchbruch für Bobby zu erfahren, dass Druck nichts ist, das ihm passiert, sondern etwas, das er wahrnimmt.

Und jetzt lassen Sie uns über Sie sprechen.

Wenn Sie es geschafft haben, ruhig zu bleiben, wenn Ihr Kind seit 20 Minuten schreit und sich aufregt, dann können Sie Friedensverhandlungen für die UN führen. Ich applaudiere Ihnen.

Manchmal müssen wir schon früh am Morgen mit einem Meltdown klarkommen und dann den Rest des Tages überstehen. Dabei mussten wir mit einem emotionalen Notfall umgehen und das belastet.

Früher habe ich mich gleich nach einem Meltdown mit etwas Anderem beschäftigt. Mittlerweile weiß ich, dass ich, ohne mich selbst loben zu wollen, die wichtigste Ressource unserer Familie bin.

Es gab Tage, an denen Bobby schon morgens Meltdowns hatte (vermutlich wegen des morgendlichen Stresses), die sich im Auto fortgesetzt haben und dazu geführt haben, dass Alec auch gestresst war. Alec griff mich dann plötzlich an. Ich brachte Alec aufgelöst in die Schule. Einmal bekam ich von der Schulleitung eine Tasse Tee und viel Sympathie. Ich saß einfach da und weinte, während ein netter Mitarbeiter die Kratzer auf meinem Hals kühlte.

Normalerweise wechseln die Jungs sich ab – einer dreht durch, der andere bleibt ruhig. Früher witzelten wir, sie träfen sich jeden Morgen, um sich abzusprechen, wer durchdrehen dürfe.

An diesem Tag stachelten sie sich gegenseitig an. Wir alle haben manchmal solche Tage.

Und ich merke, dass es wichtig ist, sich auch Zeit für sich selbst zu nehmen. Ich achte sehr auf meine Zeit für mich. Vielleicht treffe ich eine Freundin, halte ein Nickerchen, nehme ein Bad, höre Musik oder trinke eine Riesentasse Kaffee. Aber ich nehme mir bewusst Zeit, mich zu erholen.

Ich wünschte, ich hätte früher damit angefangen, anstatt von mir zu erwarten, es einfach durchzustehen.

Ich schäme mich auch nicht mehr dafür, Termine, die nicht unglaublich wichtig sind, abzusagen, wenn ich einen schwierigen Tag hatte.

Denken Sie darüber nach. Wenn Ihre beste Freundin oder Ihr bester Freund so einen Tag wie heute hatte, was würden Sie ihr oder ihm sagen? Würden Sie sagen, dass jeder solche Tage hat und man das einfach durchstehen müsse?

Wenn Sie es mit einem emotionalen Notfall zu tun hatten, müssen Sie sich danach eine Pause gönnen.

Mein Freund Tim hat übrigens die ultimative Lösung für Meltdowns. Er meint, man müsse nur auf Shetland Island ziehen, wo es schön und ruhig ist.

Leider sind abgeschiedene schottische Inseln ein bisschen problematisch, wenn man WLAN braucht.

Und ohne Internet dreht Bobby ganz sicher durch.

14 Selbstständigkeit beginnt, wenn Sie aufhören

Ihren Kindern helfen, sich selbst zu helfen

Bobby, 11 Jahre alt: »Danke für die Countdown-Uhr! Sie hilft mir sehr! Nur noch 365 Tage bis zu meinem nächsten Geburtstag.«

Ich bin mir ziemlich sicher, dass der Storch mir Alec gebracht hat, weil ich so ungeduldig bin.

Früher ging ich immer schnell, war mir meiner Sache sicher und wenn die Schlange auf dem Postamt aus mehr als vier Personen bestand, biss ich die Zähne zusammen, machte kehrt und tat etwas anderes. Die Welt schien aus langsamen Menschen zu bestehen, die mich ausbremsen wollten.

Ich glaube, man hätte mich als übernervös bezeichnen können oder auch als nervig.

Dann kam Alec.

Es ist 7:45 Uhr und wir müssen spätestens um 8:15 Uhr aus dem Haus.

Es gibt die GMT-Zeitzone, also Greenwich Mean Time, und es gibt die AMT-Zeitzone – Alec Mean Time.

In Alec Mean Time besteht jede Stunde, die für uns vergeht, aus vier Stunden.

Ihn morgens außer Haus zu bekommen ist also ungefähr so leicht, wie ein Leintuch während eines Sandsturmes zusammenzulegen.

Tief ein- und ausatmen. Und zwar ganz oft.

Das ist nötig, weil ich nicht dazu bereit bin, Alec alles abzunehmen. Wahrscheinlich ginge es viel schneller, wenn ich es täte.

Aber ich habe einen tollen Fachausdruck, der erklärt, warum ich es nicht tue. Und zwar »erlernte Hilflosigkeit«.

Erlernte Hilflosigkeit bedeutet, dass man alles für ein Kind mit besonderen Bedürfnissen tut, sodass sie nicht dazu motiviert werden, sich selbst zu helfen.

»Unterstütze diese Hilflosigkeit nicht«, drängt die »perfekte Autisten-Mutter« in mir. »Zieh dir deine Hose an«, sage ich. Entweder bemerkt er nicht, dass wir es eilig haben, oder es interessiert ihn nicht.

Alec denkt darüber nach, sich die Hose anzuziehen.

Er braucht einfach seine Zeit, um das, was du sagst, zu verarbeiten, denke ich mir. *Gib ihm Zeit.* Wenn ich es ihm noch einmal sage, beginnt der Verarbeitungsprozess von Neuem.

Alec denkt weiter darüber nach. Er sieht den Vögeln vor dem Fenster zu. Er lächelt und wackelt mit dem Kopf.

Ich schaue auf die Uhr.

»Mama!«, ruft Bobby, »Kannst du mir bitte mit meiner Krawatte helfen?«

Meine Aufmerksamkeit wandert zu Bobby. Sein Hemd ist fein säuberlich zugeknöpft, nur leider falsch herum. Ich helfe ihm und richte ihm die Krawatte (vergiss erlernte Hilflosigkeit, bald kann er es) und kehre wieder zu Alec zurück. Er liegt wieder auf dem Bett, der Gedanke an die Hose ist längst verflogen.

»Alec, zieh dir bitte deine Hose an!«

Alec steigt langsam aus dem Bett, fast wie ein Betrunkener, der aus einer Bar taumelt, und zieht sich, freudig lächelnd, die Hose so langsam an, wie man es sich nur vorstellen kann. Nur noch ein bisschen langsamer.

Spätestens jetzt streiten sich zwei Seiten in mir. Die »perfekte Mutter« streitet sich mit der »ungeduldigen Mutter«.

Ungeduldige Mutter: »Lass es einfach sein, hilf ihm!«

Perfekte Mutter: »Wie soll er es dann lernen? Willst du ihm noch dabei helfen, wenn er 20 Jahre alt ist?«

Ungeduldige Mutter: »Weißt du was? Jetzt im Moment interessiert mich das überhaupt nicht.« Sie zieht Alec seine Socken an und scheucht ihn ins Badezimmer, wo ihm die perfekte Mutter die Zahnbürste in die Hand drückt und ihn bittet, sich die Zähne zu putzen.

Alec denkt über das Zähneputzen nach und beginnt zu kichern.

Dabei ist jetzt, in diesem Moment, gar nichts lustig. Vielleicht bin ich gerade lustig. Wenn man in Alecs Zeitzone lebt, ist man nie in Eile, man muss nie zu einem gewissen Zeitpunkt irgendwo sein. Alle anderen Menschen wirken unnötig gestresst. Es reicht jedenfalls, um darüber zu kichern und das Zähneputzen zu vergessen.

Die perfekte Mutter hält seinen Arm und wartet darauf, dass er anfängt, zu putzen. Wenn Gavin mich jetzt darum bittet, die Einfahrt frei zu machen, bereut er das. In Ordnung, sage ich mir. *Meine Geduld wird auf die Probe gestellt. Das ist die gerechte Strafe für meine Ungeduld die letzten 33 Jahre, bevor ich Alec hatte.*

Er scheint es zu genießen.

»Mama! Wo ist mein Hausaufgabenheft?«

Bobby, genauso wie viele anderen Jungen in seinem Alter, verwechselt seine Mutter gerne mit einer persönlichen Haushaltshilfe. Andererseits war ich das wohl auch ein paar Jahre lang für ihn. Warum sollte sich das also ändern?

Diese Veränderung ist der Grund dafür, dass Bobby jetzt viel mehr machen kann als früher. Wir arbeiten an seiner Selbstständigkeit und zurzeit beschäftigen wir uns sehr mit dem Thema »Such dein Zeug selbst«.

»Dort, wo du es hingelegt hast«, rufe ich zurück und in diesem Moment fällt mir auf, wie sehr ich meiner Mutter ähnle. Ich höre beinahe ihre Stimme, wenn ich spreche. Und ich verstehe so gut, was sie wollte.

»Ich kann es nicht finden!«

Bobbys Fähigkeit, verlorene Dinge zu erkennen, ist nicht gerade perfekt. Wenn Bobby mir sagt, dass er seinen Gehörschutz verloren hat und ihn nirgendwo finden kann, suche ich kurz nach ihm. Ich weiß nicht, ob es daran liegt, dass er sich schwertut, Dinge zu unterscheiden, weil er so sehr auf einzelne Details sieht. Es könnte auch einfach daran liegen, dass es ihn nicht interessiert, danach zu suchen.

Zurück zu Alec. Die Phrasen »Mach weiter!«, »Beeil dich!« und »Wir müssen los!« bedeuten ihm nichts. Er versteht schon, dass ich genervt bin, weil wir jetzt losfahren müssten, er aber die Treppen auf dem Hintern herunterrutscht. Er versteht es, aber er versteht nicht, warum wir überhaupt losmüssen. Für Alec gibt es keine Konsequenzen, wenn er zu spät kommt. Andere Menschen tragen die Konsequenzen, wieso sollte er sich also beeilen?

Es gibt jeden Tag zwei Momente, in denen man besonders auf sich Acht geben muss. Der erste ist morgens, wenn man die Kinder rechtzeitig in die Schule bringen muss. Der andere ist abends, wenn man mit den Nerven am Ende ist. Das ist natürlich nicht ideal, aber Autismus interessiert sich nicht dafür. Ich glaube, es reicht, wenn ich 70% der Zeit mein Bestes gebe.

Wenn es nicht gerade darum geht, rechtzeitig in die Schule zu kommen, finde ich es gut, dass Alec sich die Zeit nimmt, die Welt zu beobachten und zu verarbeiten. Es lehrt einen, achtsam zu sein.

Auf gewisse Weise sorgt er dafür, dass ich hinterfrage, warum wir uns ständig so beeilen und unser Leben damit vergeuden, immer unterwegs zu sein, wenn wir uns nicht die Zeit nehmen können, innezuhalten und die Welt zu betrachten. Wenn ich gute Laune habe, ist Alec mein Zen-Mentor.

Meistens wünschte ich aber, er würde sich ein wenig beeilen und seine Schuhe anziehen.

Alec muss nicht in der echten Welt leben, wenn er das nicht möchte. Weil er umfassende Lernschwierigkeiten hat, ist immer ein Betreuer da, der ihm helfen kann. Wir, also ich, seine Lehrer und Betreuer, helfen ihm nicht nur durch alle Phasen seines Lebens, sondern sind mehr oder weniger auch sein soziales Umfeld.

Er ist in einem Kokon aus Zuckerwatte, umgeben von Lehrern, die den ganzen Tag wie Disney-Figuren lächeln. Er wird dabei unterstützt, selbstständig zu werden, aber sobald er in einem »normalen« Umfeld ist, sind seine Beeinträchtigungen offensichtlich und man stellt sich auf ihn ein.

Alec hat kein Verständnis dafür, was er selbst tun und wobei ich ihm helfen sollte. Wo ist der Unterschied, sich selbst den Gürtel umzulegen – dabei helfe ich Bobby – oder sich selbst die Hose anzuziehen, was ich von Alec erwarte? Meine Erwartungen sind der einzige Unterschied, deshalb musste ich lernen, ihm das verständlich zu machen.

Sie können Alec bemitleiden, so viel Sie wollen, ich will ihn nicht verwöhnen. In der Schule machen sie mit ihm Shopping-Ausflüge, zu Hause bekommt er Schaumbäder. Sein Schlafzimmer sieht aus wie ein Nachtclub (an einem Montag und ohne Bar). Es geht ihm gut. Hin und wieder mache ich mir Sorgen, weil Alec kaum schulische Qualifikationen aufweisen kann, aber ich weiß, dass ihn das auch nicht interessiert. Und das wird sich wohl auch nicht ändern, nehme ich an.

Um eine Redewendung zu gebrauchen, die er nicht verstehen würde: Bobby schwimmt in einem ganz anderen Aquarium. Er steht an der Grenze der zwei Welten und es wird von ihm erwartet, dass er regelmäßig in die nichtautistische Welt kommt. Von ihm wird mehr erwartet, er steht daher auch mehr unter Druck. Und weil es Autisten schwerer fällt, mit Druck umzugehen, hat er es ganz allgemein schwerer.

Was die meisten Menschen am Autismus verwirrt, ist, was Autisten können und was nicht. Das ist von Mensch zu Mensch verschieden. Und diese Mischung aus Fähigkeit und Unfähigkeit wird »hochfunktionalen« Autisten gerne zum Verhängnis.

Es ist schwer nachzuvollziehen, warum jemand, der in Mathematik top ist, die Brotabteilung im Supermarkt nicht finden kann.

Wenn ich über Autismus spreche, stelle ich es gerne als Zickzacklinie dar, mit Höhen und Tiefen. Eine autistische Person ist vielleicht in manchen Bereichen besonders gut, in anderen Bereichen fällt sie hinter Gleichaltrige zurück. Das ist, glaube ich, eine bessere Darstellung von Autismus als eine diagonale Linie, die einen Fähigkeitsgrad darstellen soll. Autismus ist, wie wir schon in Kapitel 1 (S. 14) festgestellt haben, wie ein Büffet.

Wenn wir von Inselbegabten (wie Dustin Hoffman im Film *Rain Man*) hören, erwarten wir, dass die besonderen Talente eines Menschen seine Schwierigkeiten in anderen Bereichen aufwiegen. Das ist unser Verständnis von Autismus. Und es ergibt Sinn, dass ein besonderes Talent in einem Gebiet bedeutet, dass man es in einem anderen schwerer hat.

Selten wird erklärt, dass das nicht nur Inselbegabte betrifft.

Nehmen wir Bobby als Beispiel: Er ist der Beste seiner Klasse, wenn es um Programmieren geht, aber er kann Kekse in einem kleinen Supermarkt partout nicht finden, vergisst, dass er das Wasser laufen lässt, und hat ein schlechtes Radar für subtile soziale Signale.

Wir Eltern wollen, dass unsere Kinder selbstständig werden. Daher müssen wir uns auch darauf verlassen, dass die Welt sie nicht überfordert. Aber das kann sie nur, wenn sie versteht, was Autismus bedeutet.

Es gibt auch eine andere Art von Mensch. Eine Art Mensch, der selbstständig sein kann, diese Verantwortung aber gerne abgibt, wenn sich die Chance dazu bietet.

Als Kleinkind war Alec das, was Experten für Autismus als »passiv« bezeichnen. Das bedeutet, dass er darauf wartete, dass die Welt zu ihm kommt. Er war nicht sonderlich enttäuscht, wenn er etwas nicht selbst tun konnte. Es konnte passieren, dass er lange am Küchentisch saß, bevor er zu verstehen gab, dass er sein Frühstück haben wollte.

In den letzten sieben Jahren haben wir viel mit ihm gearbeitet, sodass er mittlerweile spontan mit uns kommuniziert. Das bedeutet, dass wir das »Hotel Mama« geschlossen haben – wir sind jetzt eher eine »Jugendherberge Mama«.

Diese Methode wird »Sabotage« genannt. Man tut so, als wüsste man nicht, was sie wollen, bis sie es einem sagen.

Ich nenne es schlechtes Service. Es hilft Autisten ungemein.

Tori und ich mögen den Ausdruck »Sabotage« nicht. Wir finden, es klingt, als wären wir grausam zu unseren Kindern, um ihnen das Leben schwer zu machen. Ich stelle es mir eher als Pause für die »ungeduldige Mutter« vor. Sie muss sich nur ein wenig Zeit lassen.

Ich tue das auch nicht, um gemein zu sein. Ich tue das natürlich nicht, wenn meine Kinder traurig oder nervös sind, ich versuche nur nicht, ihnen jeden Wunsch von den Augen abzulesen. Ich erwarte nicht viel von ihnen. Ich erwarte nur, dass sie mir zu verstehen geben, dass sie etwas wollen. Darauf können wir aufbauen.

Zuerst war mir das sehr unangenehm. Alec brauchte lange, um zu verstehen, dass ich nicht mehr seine Gedanken lese.

Aber mit der Zeit begann er, mit uns zu kommunizieren. Er reichte mir die Fernbedienung und gab Laute von sich oder drückte mir eine Packung Süßigkeiten in die Hand und versuchte, »Auf!« zu sagen, wenn ich mich dumm stellte. Es funktionierte.

Sich dumm zu stellen ist übrigens ziemlich lustig, wenn man sich daran gewöhnt hat.

Ich erinnere mich noch genau, als ich das erste Mal sah, wie Alec eine Idee hatte. Damals fiel es ihm schwer, die Treppe hochzuklettern, aber er tat es, mit einem Bund Bananen in der Hand, um mir zu sagen, dass er eine Banane essen wollte. Ich war unglaublich glücklich darüber. Er nahm nicht mehr an, dass ich errate, was er von mir möchte.

Als das passierte, verstand ich etwas. Wenn man nicht mehr automatisch alles für sie tut, hilft man ihnen, für sich selbst zu denken. Und wenn sie für sich selbst denken, beginnen sie auch, Optionen zu sehen. Sie werden proaktiv und hinterfragen, was sie wollen.

Lange Zeit fühlte es sich so an, als wäre Alec eine Erweiterung von mir. Ich fühlte es und er fühlte es auch. Er war absolut abhängig von mir und ich überschüttete ihn mit Zuneigung und erfüllte all seine Wünsche, bevor er sie überhaupt hatte. Ich tat das, weil er nonverbal war und weil ich wegen des Unfalls immer das Gefühl hatte, ihn beschützen zu müssen.

Dann sahen wir einen Vortrag von Dr. Heather MacKenzie, der mich so beeindruckte, dass wir sie im Jahr darauf engagierten, für AuKids zu sprechen, um Spenden zu sammeln.

Dr. MacKenzie sprach im Zuge ihres SPARK-Programmes davon, dass man autistische Kinder fragen sollte, was sie denken, anstatt für sie zu denken.

Autisten haben oft Schwierigkeiten mit ausführenden Funktionen. Für sich selbst zu denken, ist Teil davon. Heather sprach davon, dass Kinder, die Schwierigkeiten haben, Entscheidungen für sich zu treffen, sich daran gewöhnen, dass Eltern und Pflegekräfte diese ausführenden Gehirnfunktionen für sie sind.

Sie sprach davon, Kindern dabei zu helfen, für sich selbst zu denken, indem man ihnen Fragen stellt, sodass sie eine Möglichkeit haben, zu reflektieren.

Als sie das sagte, ging mir ein Licht auf. Bei jedem Vortrag, den ich besuchte, achte ich auf Dinge, die ich in meinen Alltag mit Bobby und Alec integrieren kann. Das hier war für beide wichtig.

Die PACT-Therapie und ihnen zu helfen, für sich selbst zu denken, hatten die größten Auswirkungen auf meine Erziehung.

Tori und ich sprachen darüber in Bezug auf Alec. »Welche Entscheidungen triffst du für Alec, die er genauso gut selbst treffen könnte«, fragte sie mich. Und mir fielen sofort tausend Dinge ein. Ich dachte praktisch für ihn. Ich war zu seinem Gehirn mutiert. Kein Wunder, dass ich immer erschöpft war.

Wir verwendeten Alecs Symbol-Buch (PECS) zu Hause. Ich achtete darauf, alle Kommunikationsmethoden, die in der Schule eingesetzt wurden, auch zu Hause anzuwenden. Schließlich hält man nicht einfach die Klappe, wenn man durch die Haustür geht.

Aber ich begann, Alec Fragen zu stellen. So begann er, Entscheidungen für sich zu treffen (ich habe bereits in Kapitel 8 (S. 84) davon erzählt). Er suchte sich aus, was er frühstücken oder als Nachspeise haben wollte, welches T-Shirt er anzog und was er tat. Er begann, die Macht der Entscheidungen zu verstehen, und schien es zu genießen.

Ich verstand das erst, als ich ihn nicht mehr wie einen Idioten behandelte. Er hatte keine Sprache, aber er hatte Gedanken. Er musste nur lernen, sie zu identifizieren. Ich wusste nicht, dass er dachte, weil ich ihm gar nicht die Chance dazu gab.

Ich glaube, es ist ein bisschen so wie bei unserer Hypothek. Ich habe keine Meinung darüber, welche Art von Hypothek wir aufnehmen sollten, weil Gavin sich darüber schon Gedanken gemacht hat. Hätte er das nicht, müsste ich mir eine Meinung bilden. Aber seine Entscheidungen haben es mir ermöglicht, hier faul zu sein. Wäre es immer und bei jeder Entscheidung so, dann wäre das natürlich sehr ungesund. Aber das ist es zum Glück nicht.

Aber genau das tat ich mit Alec. Natürlich ist es angenehm, wenn einem das Denken abgenommen wird, aber es ist nicht hilfreich.

Als ich begann, Alec die Wahl zu lassen, begann er, proaktiv zu werden, und er traf selbstbewusst Entscheidungen.

Ich muss noch immer seine Gedanken lesen, denn seine Symbole bilden seine Lieblingsdinge ab (ich erneuere das, so oft ich Lust dazu habe). Aber er entscheidet, was er uns wann sagt.

Alec spricht noch immer nicht, aber er unterscheidet sich stark von dem Alec, der er einmal war. Mittlerweile bedeutet er mir, dass er auf dem Trampolin springen möchte, dass er Erdnussbutter auf seinen Toast haben möchte, gerne Müsli zum Frühstück hätte, eine bestimmte Episode von »Thomas die Lokomotive« sehen will, dass die Batterien für seinen Gameboy leer sind und er höher geschaukelt werden möchte … Ich brauche Hilfe mit diesem Spielzeug, ich möchte gerne duschen, nicht baden … Kurzum: Alec kommuniziert mit uns.

Er weiß, was er will, und er weiß, wie er es bekommt.

Ich muss mich immer wieder daran erinnern, wie viel ich meinen Kindern zumuten kann. Wenn ich das nicht tue, dann bleibe ich in Routinen hängen. Meistens erinnert mich Tori sanft daran, dass ich etwas für Bobby tue, das er genauso gut auch selbst tun könnte.

Brauchen sie Hilfe oder helfe ich ihnen, weil ich ihnen immer helfe? Bobby ist so viel besser darin geworden, Dinge selbst zu tun. Aber ich sehe, dass seine Selbstständigkeit ziemlich wahllos ist. Ich erwarte zum Beispiel von ihm, dass er sich selbst Saft einschenkt, aber nicht, dass er seinen Teller wegräumt, obwohl das vermutlich leichter für ihn wäre.

Meine Kinder zeigen mir nicht, dass sie etwas selbst tun wollen. Deshalb muss ich mich immer wieder fragen: »Moment! Eröffne ich hier gerade wieder das Hotel Mama?«

Kein roter Teppich, kein Zimmerservice. Ein wirklich mieses Hotel.

15 Man braucht ein Gerüst, um Wände hochzuziehen

Selbstständigkeit für die Schule lernen

Bobby, mit sieben Jahren, als er sich einen Gameboy auslieh: »Ist der aus dem 19. Jahrhundert?«

Ich sprach neulich mit einer Freundin, als wir Kaffee tranken. Sie ist auch Mutter eines autistischen Kindes. Ich sagte, dass ich, wenn ich darüber nachdenke, kaum glauben kann, wie wenig mir über die Erziehung eines autistischen Kindes erklärt wurde.

Ich erinnere mich daran, dass man mir sagte, ich solle meinen Kindern an den Fingern abzählen, wie lange etwas dauerte. Man sagte mir auch, dass Übergangszeiten schwer würden. Aber niemand sagte mir, was ich tun sollte oder warum ich etwas tun sollte.

Wenn mir jemand damals diese zwei Dinge gesagt hätte, hätte ich viel schneller gelernt: Autisten fällt es schwer, abstrakt zu denken, Autisten denken visuell. Alles, was nicht klar definiert ist, was sie interpretieren müssen, ist abstrakt. Das war's.

Wenn etwas eine halbe Stunde dauert, dann holen Sie eine Countdown-Uhr, damit Ihr Kind versteht, wie eine halbe Stunde aussieht. Warnen Sie Ihr Kind alle zehn Minuten, damit es diese Information im Hinterkopf behält.

Statt vager Anweisungen geben Sie einfache, präzise Anweisungen. Sagen Sie Ihrem Kind, warum Sie diese Anweisung geben. Gehen Sie nicht davon aus, dass das Warum offensichtlich ist.

Ich bin es gewohnt, Countdown-Uhren zu verwenden und meinen Kindern an den Fingern abzuzählen, wie viel Zeit ihnen bleibt. Bei einem Vortrag von Dr. MacKenzie wurde mir klar, warum autistischen Kindern Aufgabestellungen in der Schule schwerfallen. Sie bekommen eine Aufgabe, die nur vage erklärt wird, und haben nicht die Fähigkeiten dazu, diese Aufgabe systematisch zu lösen. Das können wir ihnen beibringen, indem wir ihnen zeigen, auf welche Signale und Hinweise sie achten müssen.

Ich begann, Bobby zu fragen, ob er seine Aufgabe verstand. So bekam ich ein Gefühl dafür, was in seinem Kopf vorging, wenn er seine Hausaufgaben machte. Es geschah oft, dass seine Interpretation der Arbeitsanweisung sich stark von meiner unterschied. Wie viele Minuten sollte er mit einer Übung verbringen? Wie viel sollte er für die Aufgabe schreiben? Das alles war ihm nicht klar.

All das ist abstrakt.

Wenn mir jemand damals diese zwei Dinge gesagt hätte, hätte ich viel schneller gelernt: Autisten fällt es schwer, abstrakt zu denken, Autisten denken visuell. Alles, was nicht klar definiert ist, was sie interpretieren müssen, ist abstrakt.

Ich habe gelernt, extrem präzise zu kommunizieren. Ich habe auch gelernt, Bobby Fragen zu stellen, um zu wissen, ob wir auf einer Wellenlänge liegen.

Er hatte oft Panik, wenn er Hausaufgaben bekam. Der Druck schien ihn völlig zu überfordern. Das ist auch klar, wenn man nicht genau weiß, was von einem erwartet wird.

Wenn ich Sie bitte, einen Turm zu bauen, und Sie denken an den Eiffelturm, werden Sie unter Druck stehen.

Natürlich wusste ich, dass autistische Kinder schnell unter Druck stehen. Diese »Schwierigkeiten« von denen die Lehrassistenz sprach (was übrigens eine Untertreibung war), wenn er Hausaufgaben bekam, waren daher nicht überraschend.

Was mir dabei half, Bobby zu helfen, war, es aus seiner Sicht zu sehen. Ich verstand, dass Bobby seine Hausaufgaben als einen Berg sah, der immer höher wurde. Er hatte keine Ahnung, wie er ihn besteigen sollte.

Zwar hatte er das nötige Hirnschmalz, aber nicht das mentale Gerüst, einen Plan zu erstellen.

Bobbys Grundschullehrer und ich bemerkten diese Probleme auch im Unterricht. Er wusste nicht immer, was von ihm verlangt wurde.

Ich erstellte einen Plan. Für all seine Hausaufgaben gab ich ihm eine genaue Beschreibung, was »nicht genug« (trauriges Smiley), »gut genug« (neutrales Smiley) und was »besser als genug« war (glückliches Smiley).

Als er zum Beispiel einmal über einen Autor recherchieren sollte, war es »nicht genug«, einen Wikipedia-Artikel zu kopieren (das tat er gern). Es war »gut genug«, wenn er sich verschiedene Informationen von verschiedenen Webseiten besorgte und sie in seinen eigenen Worten zusammenfasste. Noch ein Foto des Autors hinzuzufügen und mehr als zwei Absätze in einer Schriftgröße von weniger als 18 Punkt zu schreiben (das war sein Trick, um eine Seite zu füllen), waren »besser als genug«.

Dadurch verbesserte Bobby sich erheblich. In der Grundschule hatte er Schwierigkeiten, sich Geschichten auszudenken, aber als er verstand, dass er sich eine Figur und eine Situation einfallen lassen musste, ging es plötzlich.

Als ich das verstand, sagte ich seinen Lehrern, dass sie ihm präzise Anweisungen und ein klares Konzept geben mussten.

Bei der Sache zu bleiben, bereitete ihm ebenfalls Schwierigkeiten. Wenn Bobby sich für etwas nicht interessierte, wanderten seine Gedanken. Seine Lehrassistenz schaffte es mit einigen genialen Methoden, ihn bei Laune zu halten.

Ihm wurde eine genaue Anzahl von Aufgaben gegeben, die er jeden Tag machen musste. Er wurde mit »Computerzeit« belohnt. Wenn er besonders gut dabei war, nannte er sich »besonders guter Junge«, kurz BGJ. Seine Lehrassistenz buchstabierte jeden Tag das Wort »besonders« für ihn, sodass er mit jeder Aufgabe einen weiteren Buchstaben bekam. Wenn er es schaffte, das ganze Wort zu buchstabieren, bekam er einen BGJ-Preis. Bei drei BGJ-Preisen bekam er ein Geschenk von mir. Wir arbeiteten zusammen.

Indem wir immer mit der Schule kommunizierten, konnten wir Bobby so belohnen, dass es für ihn bedeutungsvoll wurde.

In der Unterstufe wurde noch mehr von ihm erwartet. Ich erstellte einen neuen Hausaufgaben-Leitfaden, um ihm zu helfen. Hierbei möchte ich eine Empfehlung für Laminier-Geräte aussprechen. Sie kosten wenig und man kann alles ganz einfach wieder sauber machen.

Dieser Leitfaden umfasste all seine Fächer. Er machte ein Kreuz bei den Fächern, in denen er Hausaufgaben bekam. Zusammen füllten wir aus, bis wann er die Aufgabe abgeben musste und wie viele Tage er noch Zeit hatte.

Wie kam ich auf diese Idee? Ganz einfach, indem ich mir ansah, was ich tat, um meine eigenen Deadlines nicht zu verpassen.

Wenn er einen Abgabetermin bekam, arbeiteten wir rückwärts, um ihm eine Vorstellung davon zu geben, wie viele Tage er noch Zeit hatte. Wir arbeiteten zuerst an den dringenderen Aufgaben. Manche Kinder können solche Dinge einfach im Kopf behalten oder einfach ein Hausaufgabenheft führen. Aber für Bobby war es wichtig, diese Informationen offensichtlich zu machen.

Sein laminierter Leitfaden hängt am Schrank vor seinem Schreibtisch. Er kann ganz einfach sehen, welche Hausaufgaben er zuerst machen muss, und dadurch ist er nicht überfordert.

Diesen Monat bin ich besonders glücklich. Er hat angefangen, seinen Leitfaden selbst auszufüllen. Es ist das erste Mal, dass er seine Hausaufgaben selbstständig macht. Ich muss nicht fragen, ob er Aufgaben bekommen hat.

Dieses Gerüst ist nicht viel Arbeit, aber es hilft Kindern dabei, selbstständig zu werden.

Es ist auf jeden Fall angenehmer als *»Hast du deine Hausaufgaben gemacht?«* Und zwar jeden Abend.

Als Tori hörte, dass ich jeden Morgen damit verbrachte, zu nörgeln, um Bobby für die Schule fertig zu machen, schlug sie vor, noch einen Leitfaden zu entwickeln. Der Leitfaden sollte alle Aufgaben beinhalten, die er erfüllen muss, um sich auf die Schule vorzubereiten. Wenn er alles schaffte, durfte er fernsehen.

Ich fand die Idee großartig und verzierte den Leitfaden mit seinem Hauptinteresse, einem seltsamen Videospiel namens *Five Nights at Freddy's*. Bobby konnte alles ankreuzen, was er schon erledigt hatte. Er war glücklich und bald brauchte er den Leitfaden nicht mehr. Er schaffte es, sich vorzubereiten, ohne dass ich nörgelte.

Ich verstand schnell, dass Bobby zwar fließend sprechen kann, aber nicht versteht, was von ihm verlangt wird. Das gilt besonders für Anforderungen, die die Schule an ihn stellt. Das stresste ihn sehr.

Immer, wenn er mürrisch wurde, fragte ich ihn, was er glaubte, das von ihm verlangt wurde. Wir fanden schnell heraus, dass wir sehr unterschiedliche Vorstellungen davon hatten, was ein perfekter Schüler ist.

Er glaubte, ein perfekter Schüler müsse jeden Test mit der vollen Punkteanzahl bestehen. Ein perfekter Schüler müsse alles verstehen, was in der Klasse besprochen wurde und immer alles beim ersten Mal richtig haben. Und er müsse an allem interessiert sein.

Ich sagte ihm, dass seine Vermutungen nicht ganz richtig waren. Es wurde nicht von ihm erwartet, dass er alles perfekt macht. Aber es wurde von ihm erwartet, dass er nachfragt, wenn er etwas nicht versteht, dass er übt und sein Bestes gibt.

Diese Gespräche führten dazu, dass ich Bobby nicht mehr bei den Hausaufgaben helfen musste. Er machte seine Hausaufgaben auf völlig andere Weise, als ich sie gemacht hätte, aber ich hielt mich zurück. Ich wollte ihm nicht vorschreiben, wie er seine Hausaufgaben zu machen hatte. Es war Bobbys Aufgabe. Wenn er ein Tagebuch als Überlebender der Titanic mit »Mann, das Wasser war echt kalt« beginnen wollte, dann sollte er das tun.

Abstraktes konkret zu machen hilft auch, wenn es darum geht, seine eigenen Gefühle zu verstehen. Unser Freund Tim kam oft sehr gestresst von seinem anderen Job ins Büro und meinte, er habe eine schlechte Woche hinter sich. Als wir mit ihm darüber sprachen, stellte sich heraus, dass er einen schlechten Morgen hatte, der seine Meinung über alle darauffolgenden Tage geprägt hatte.

Wir fragten uns, wie wir Tim dabei helfen könnten, eine andere Perspektive einzunehmen. Deshalb erfanden wir ein Stimmungstagebuch für ihn. Wir kauften ihm einen Wochenkalender und einige Sticker. Er sollte jeden Morgen und jeden Abend einen glücklichen, traurigen oder verwirrten Smiley in den Kalender kleben und eine kurze Tagesbeschreibung dazu schreiben.

Dadurch bekam Tim ein besseres Gefühl für seine Stimmungen. Er konnte sehen, dass er, obwohl er einen schlechten Morgen hatte, viel mehr glückliche Smileys in seinen Kalender geklebt hatte als traurige. Dass seine Woche gar nicht so schlimm war, wie er dachte.

Autistische Menschen werden stark von negativen Ereignissen beeinflusst. Vielleicht weil sie es gewohnt sind, immer unter Druck zu stehen. Tim führt im Großen und Ganzen ein glückliches Leben. Sein Stimmungstagebuch half ihm dabei, seine Stimmungen zu konkretisieren. Er sah seine glücklichen Smileys und seine Notizen und er fühlte sich glücklicher, als hätte er sein Leben besser unter Kontrolle.

Ich habe das auch mit Bobby versucht. Als er in die Unterstufe kam, wusste ich, dass er nicht wollte, dass ich ihn nach der Schule Hunderte von Fragen stellte. Er hatte jeden Tag fünf Fächer, also fragte ich ihn, wie viele Fächer ihm Spaß gemacht hatten. Wenn er ein Fach überhaupt nicht genossen hatte, sagte ich: »Also waren 80 % deines Tages richtig gut? Wir können später gerne über die anderen 20 % sprechen, wenn du das möchtest.«

So konnte ich ihm beibringen, mithilfe der Mathematik die Dinge nüchtern zu betrachen. Dadurch konnte er auch bestimmte Tage mit anderen vergleichen. Es war keine Katastrophe mehr, wenn etwas schieflief.

Wir gehen auf das Ende unserer Reise zu. Ich weiß, dass ich nicht alles behandelt habe, aber ich weiß auch, dass Sie nicht viel Zeit haben. Ich hoffe also, dass Sie hier ein paar hilfreiche Tipps bekommen haben.

Nur eine Sache möchte ich Ihnen noch sagen: Lassen Sie sich von Leuten unterrichten, die Ahnung von der Thematik haben. Nämlich von Autisten.

16 Nur autistische Menschen haben die Antwort

Lernen, zuzuhören

Mit zehn Jahren gab Bobby unseren Lesern einen Tipp: »Wenn dein Kind Autismus hat, dann musst du dich einfach DARAN GEWÖHNEN.«

Ich habe versprochen, dass ich über 15 Dinge schreibe, die man über Autismus wissen muss. Aber jedes gute Album hat einen Bonus-Track. Das ist er.

Sie können Konferenzen und Vorträge besuchen, Bücher wie dieses hier lesen, jedes Radioprogramm und jede Fernsehsendung zu diesem komplexen Thema, Autismus, verfolgen. Aber ich habe in den letzten zehn Jahren gelernt, dass die besten und wertvollsten Informationen von der Person kommen, mit der man zusammenlebt. Der, die Autismus hat.

Es ist vielleicht offensichtlich, aber es passiert schnell, dass man wichtige Informationen ignoriert oder übersieht, wenn man von allen Seiten mit anderen Informationen überschüttet wird.

Wenn Tim Vorträge darüber hält, wie es ist, mit Autismus zu leben, dann entstammen sie vielen langen und schwierigen Gesprächen. Er hinterfragt seine Reaktionen und seine Antworten und reflektiert darüber, warum er so fühlt, wie er fühlt. Es dauert oft mehrere Minuten, bis er alle Gehirnwindungen überprüft hat und seine Gedanken artikuliert.

Er pausiert, er stottert, er versucht geradezu, die Worte einzufangen, die er sucht. Ich versuche, seine Sätze nicht für ihn zu beenden. Ich habe durch den Autismus gelernt, zu warten und geduldig zu sein.

Wenn ich lange genug warte, kommen die Worte und wenn sie kommen, beschreiben sie etwas, das man nicht erraten kann.

Tori brachte mir bei, Bobby dabei zu helfen, Beschreibungen zu entwickeln. Anstatt noch eine Frage zu stellen, wiederholte ich, was er mir sagte.

»Geschichte war heute schwierig.«

»Du fandest Geschichte heute schwierig?«

»Ja. Weil … wir haben etwas gemacht, das ich nicht mag.«

»Etwas, das du nicht magst?«

Diese Art des Gesprächs gibt unseren Kindern die Sicherheit, ihre Gedanken selbst formulieren zu können. Es ist weniger fordernd.

Autistischen Menschen wird zu selten zugehört. Vielleicht sprechen sie monoton, verlieren sich in Gedanken oder haben Schwierigkeiten, ihre Gefühle zu artikulieren. Aber ihre Stimmen sind die einzigen, die wirklich zählen, wenn wir Autismus verstehen wollen. Warten Sie nicht darauf, dass besonders sprachgewandte Autisten Ihnen sagen, was Sie wissen müssen. Sie besitzen diese Informationen bereits, nutzen Sie Ihre Chance.

Informationen, die von Bobby kamen, waren nicht immer präzise und verständlich. In der einen Minute sagt er etwas Wichtiges, in der nächsten wechselt er das Thema. Mein Verstehen kommt und geht also, weswegen es mir so unglaublich wichtig ist, die Kommunikation mit meinen Kindern aufrechtzuerhalten.

Wenn Sie jeden Tag mit Ihrem Kind plaudern, dann wird es Ihnen früher oder später etwas sagen, was Ihnen die Augen dafür öffnet, was es fühlt.

Es wird kein toller Vortrag mit PowerPoint-Präsentation sein, daher kann es passieren, dass Sie es übersehen. Vielleicht ist es für Ihr Kind gar nicht wichtig. Sie wissen vielleicht gar nicht, dass sie etwas gesagt haben, das Sie nicht wussten.

Aber früher oder später werden sie Ihnen etwas sagen, und Ihnen wird ein Licht aufgehen: »Aaaaah! *Deshalb* hast du dieses Problem!«

Aufdringliche Fragen führen sie vielleicht nicht zum Kern des Problems. Ein offenes Ohr anzubieten hilft weit mehr.

Gestern gestand Bobby mir plötzlich, dass er mit seinen Freunden über seine Gefühle spricht. Er lächelte, als er mir sagte, dass sie über manche Dinge genau so denken wie er.

Es war das erste Mal, dass Bobby mit seinen Freunden über seine Gefühle gesprochen hatte. Sonst spricht er darüber nur mit seinem Vater und mir.

Natürlich muss er noch viel von seinen Eltern lernen, aber er beginnt, von seinen Altersgenossen zu lernen. Das ist unglaublich wichtig, denn das bedeutet, dass er sich selbstständig genug fühlt, um sich in manchen Bereichen von seinen Eltern zu lösen.

Ich habe auch gelernt, Alec zuzuhören, indem ich ihn beobachte. Seine Aufmerksamkeit sagt mir, was ich wissen muss. Er versucht, sich auszudrücken, so gut er kann. Wir müssen immer darauf Acht geben, dass er auch die Möglichkeit dazu hat. Er hat ein Recht darauf, gehört zu werden. Wir haben das Gefühl, dass er uns versteht und wir ihn verstehen. So gut es eben geht.

Ich habe durch den Autismus gelernt, dass ich immer eine Eule sein werde. Man hört nie auf, zu lernen, und es gibt laufend neue Erkenntnisse über Autismus. Es hilft, dass ich für meinen Job immer auf dem Laufenden bleiben muss. Aber wie gesagt: Autismus ist ein Büffet. Und ich suche immer nach Dingen, die für meine Familie wichtig sein könnten. Wenn Vorträge und Workshops Sie zu sehr fordern oder Sie nicht die Möglichkeit haben, sie zu besuchen, dann reicht auch ein gutes Buch. Seien Sie nicht zu versessen auf das Lernen. Es muss auch noch andere Dinge in Ihrem Leben geben.

Je mehr Bobby und Alec zu jungen Männern werden, desto mehr Probleme rücken in den Hintergrund, während andere wichtiger werden.

Oh! Hallo, Pubertät! Ich habe dich nicht so früh erwartet. Komm rein, mach es dir gemütlich, fühl dich ganz wie zu Hause.

Wenn Tori und ich am AuKids-Magazin arbeiten, erinnern wir uns immer wieder daran, an die Tage zu denken, als uns vieles noch unklar war. Manche Stellen dieses Buches bereiteten mir Probleme, weil es, ob Sie es glauben oder nicht, nach zehn Jahren so normal geworden ist, zwei Autisten zu erziehen, dass mir viele Dinge gar nicht mehr auffallen.

Dann kommt jemand zu Besuch, der kein autistisches Kind hat, und bemerkt, welche Strategien man anwendet. Für einen selbst ist das normal. Mein Bruder nennt es »übererziehen«. Es ist Erziehung, mit einer Kirsche obenauf. Ein bisschen wie der Autismus-Eisbecher.

Ich habe noch immer Momente, in denen ich wünschte, dass Autismus uns weniger Probleme bereitete, dass das Leben einfacher wäre, weniger einschränkend.

Aber ich wünsche mir nicht, dass meine Kinder anders wären. Vor langer Zeit fragte ich Gott (wie man es nun mal tut, wenn man sich etwas wirklich wünscht), ob er mir Kinder schenken könne. Ich habe nicht gesagt, welche Art von Kindern.

Bobby und Alec haben mir so viel beigebracht. Mal abgesehen von den 15 Dingen, die ich in dieses Buch gepackt habe, sind es auch Kleinigkeiten wie diese:

- Das Chaos, das entsteht, wenn sie ihr Frühstück selbst machen, sieht schlimmer aus, als es ist.
- Sie glauben vielleicht, dass Sie eine große Sache sind, aber wenn Sie für Thomas die kleine Lokomotive nicht richtig gut Gleise verlegen können, sind Sie nichts.
- Wenn etwas so aussieht, als wäre es unzerstörbar, hat Alec es noch nicht in die Finger bekommen.
- Wenn Sie wollen, dass etwas passiert, dann warten Sie nicht auf ein Wunder.

Ich habe auch gelernt, mich mit Menschen zu umgeben, die mir Kraft geben. Ich achte auf meine Zeit mehr, als ich es je tat. Ich schaue auf mich selbst und wenn es mir mental nicht gut geht, dann bitte ich um Hilfe oder nehme mir eine Auszeit. Was auch immer nötig ist.

Sie müssen sich nicht mit Autismus quälen oder ihn wegwünschen. Wir müssen nicht unglücklich sein. Wir leben mit autistischen Kindern. Das ist ein anderes Leben, aber kein schlechtes.

Es *ist* ein normales Leben. Es ist Ihres, machen Sie das Beste daraus.

Das Leben ist in letzter Zeit einfacher für mich geworden, selbst, wenn es nicht so einfach wie das Leben anderer Menschen ist. Es hat mir jedenfalls beigebracht, Freizeit, Familie und Freunde mehr zu schätzen.

Ich habe auch Dinge über mich gelernt, die mir vorher nie aufgefallen sind. Zum Beispiel, dass Gavin und ich so viel Stärke haben, dass wir diese Berge besteigen können und mit einem Lächeln alle Herausforderungen meistern können. Aber diese Stärke kommt von großartigen Menschen in unserem Leben. Menschen die uns unterstützen und helfen, wo sie können.

Es IST ein normales Leben. Es ist Ihres, machen Sie das Beste daraus.

Ich liebe so viele Aspekte von Autismus. Interessen schenken der Welt so viel. Autismus ist eine Welt ohne Heuchelei, autistische Menschen wollen nicht beurteilt werden und sie urteilen auch selbst nicht. Es ist wundervoll, mit Menschen zusammenzuleben, die nicht manipulierend sind.

Autismus hat mich mit so vielen wunderbaren Menschen in Verbindung gebracht. Es sind die freundlichsten und ehrlichsten Menschen, die man sich vorstellen kann.

Autistische Kinder sind nicht immer leicht. Sie brauchen viel Zeit, um Vertrauen und Kommunikation aufzubauen. Menschen, die mit Autisten arbeiten, geben alles, und zwar ohne zu erwarten, dass sie etwas zurückbekommen. Sie haben mir beigebracht, was es bedeutet, wirklich Mensch zu sein.

Ich glaube, es ist Zeit, sich zu verabschieden. Ich fange an, kitschig zu werden.

Es ist schwer, Sie an dieser Stelle gehen zu lassen. Es gibt so vieles, was ich Ihnen noch sagen möchte.

Ich hoffe, dieses Buch hat Ihnen gefallen. Ich hoffe, es gibt Ihnen die Geduld und die Kraft, die Sie brauchen, um das Beste aus Ihren Kindern herauszuholen. Seien Sie stolz darauf, der Mensch sein zu dürfen, der so einen besonderen Menschen großziehen darf.

Ich finde es angemessen, einem Autisten das letzte Wort zu geben.

Bobby möchte Eltern von autistischen Kindern Folgendes sagen:

> *»Nimm es nicht zu schwer und raste NIEMALS aus deswegen.«*

Wenn Sie nichts dagegen haben, bin ich dann mal weg. Mal sehen, welches meiner Kinder gerade am wenigsten mit mir abhängen möchte.

Danksagung

Danke an meinen geduldigen Ehemann, Gavin, der mich niemals überreden wollte, einen »richtigen« Job zu suchen, sondern mich dabei unterstützt hat, mir lustige Überschriften für Artikel über Autismus auszudenken – auch dann, als es bestimmt nicht lukrativ war.

Danke an Tori Houghton, meiner Komplizin bei AuKids, mit der es immer unglaublich lustig ist und die mit mir den »Autismus-Dessert-Eisbecher« (Autism Sundae Dessert) entwickelt hat. Danke an meine Familie, meine Mutter, meinen Vater und meine Brüder, die alle dazu beigetragen haben, mich zu einer Optimistin zu machen. Ein Dank an meine Freundinnen, speziell an Emma, Vanessa, Kath und Alison, dafür, dass sie sich für dieses Projekt begeistern konnten. Mein besonderer Dank gilt den Lehrerinnen und Lehrern M'lanie Seton, Trish Larkin, Gareth Morewood, Stella Parkin, Jill Hallas und Phil Kerr.

Ich möchte auch allen im Team danken, die ihre Zeit und ihre Hingabe AuKids geschenkt haben. Sie haben es Tori und mir ermöglicht, unsere Ideen zu teilen, und mir dabei geholfen, sie in diesem Buch zu veröffentlichen. Ich spreche hier von Grafiker Jo »unglaublich geduldig« Perry von Persicope Studios, unserem Autismus-Fürsprecher, Tim »Flex« Tuff, Paul Clare von R&P Printers, Fotograf David Laslett (der auch leitender Katzen-Berater ist) und Andy Davies von Fins Design and Print, der die Modelinie von AuKids produziert und einen Teil der Einnahmen an uns spendet.

Und ich möchte mich bei den Lesern und Leserinnen von AuKids für ihre Loyalität bedanken und auch dafür, dass sie an unsere positiven Ideen glauben.

Schlussendlich möchte ich auch Ernie der Katze dafür danken, dass sie auf meiner Laptop-Hülle saß.

Service

Literaturverzeichnis

American Psychiatric Association: Diagnostisches und Statistisches Manual Psychischer Störungen DSM-5(R): Deutsche Ausgabe. 2. korr. Aufl. von P. Falkai et al. Wien: Hogrefe, 2018

Aronson, Theo: Princess Margaret: A biography. Washington, DC: Regenery Publishing, 1997

Blackburn, Ros: Illogically Logical. Vortrag im Benchill Community Centre. Wythenshawe: 2016

Caldwell, Phoebe (a): The autism spectrum, challenging behaviour and sensory issues. Vortrag im King's Centre: 2014

Caldwell, Phoebe (b): Du weißt nicht, wie das ist. Weinheim: Beltz Juventa, 2004

Caldwell, Phoebe, Jane Horwood: Using Intensive Interaction and Sensory Integration: A Handbook for Those who Support People with Severe Autistic Spectrum Disorder. London: Jessica Kingsley Publishers, 2008

Dunn Buron, Kari, Mitzi Curtis: The Incredible 5-Point Scale. Kansas: AAPC Publishing, 2012

Gray, Carol: Das neue Social-Story™ Buch. St. Gallen: Autismusverlag, 2014

Higashida, Naoki: Warum ich euch nicht in die Augen schauen kann: Ein autistischer Junge erklärt seine Welt. Hamburg, Berlin: Rowohlt Verlag, 2014

Huebner, Dawn, Bonnie Matthews: What to do when you worry too much: A Kid's Guide to overcoming Anxiety. Washington, DC: Magination Press, 2005

Huebner, Dawn, Bonnie Matthews: What to do when your temper flares: A Kid's Guide to overcoming Problems with Anger. Washington, DC: Magination Press, 2007

Kerstein, Lauren: A Week of Switching, Shifting, and Stretching: How to make my thinking more flexible. Kansas: AAPC Publishing, 2014

McGraw, Phil: Lebensstrategien: 10 Regeln, damit Ihnen das gelingt, worauf es im Leben wirklich ankommt. München: MVG Verlag, 2007

Sartre, Jean-Paul: Geschlossene Gesellschaft. Hamburg, Berlin: Rowohlt Verlag, 1987

Schirmer, Brita: Elternleitfaden Autismus. Wie Ihr Kind die Welt erlebt. Mit gezielten Therapien wirksam fördern. Stuttgart: TRIAS Verlag, 2018

Schneider, Karla: Warum Bretter manchmal vor Köpfen kleben und man im Sitzen miteinander gehen kann: Ein Alltagsleitfagen für Kinder und Jugendliche mit Autismus. Nordhausen: Verlag Kleine Wege, 2009

Vermeulen, Peter: Autismus als Kontextblindheit. Göttingen: Vandenhoek und Ruprecht, 2016

Literaturhinweise

Bücher Preißmann, Christine: Asperger: Leben in zwei Welten. Stuttgart: Trias Verlag, 2018

Silbermann, Steve: Geniale Störung. Köln: Dumont Verlag, 2016

Simone, Rudy: Aspergergirls: Die Welt der Frauen und Mädchen mit Asperger. Weinheim: Beltz, 2015

Webseiten www.autismus.de

www.autistenhilfe.at

www.autismus.ch